LYDIA
MAMMAR

LA LUMIÈRE N'ATTIRE PAS LES MOUSTIQUES,

LE CHOCOLAT N'EST PAS UN ANTIDÉPRESSEUR,

LES BOULES DE PÉTANQUES SONT CREUSES...

300 vérités
très surprenantes

Direction éditoriale : Stéphane Chabenat
Éditrices : Clotilde Alaguillaume et Charlotte Sperber
Conception couverture : 2Li
Conception graphique et mise en pages :
Izibook et Nord Compo

Les éditions de **l'Opportun**
16, rue Dupetit-Thouars
75003 PARIS

www.editionsopportun.com

SOMMAIRE

Introduction 5
À table 7
Belles plantes 57
Bizarre, bizarre, vous avez dit bizarre… 81
C'est grave, docteur ? 109
La tête dans les étoiles 151
Gare au gorille 169
Histoires d'eaux 185
J'aurais voulu être un artiste 219
L'habit ne fait pas le moine 251
Noir, c'est noir 295
Langues bien pendues 319
Le compte est bon 341
Week-end à la campagne 371
N'habite pas à l'adresse indiquée 399
Tu me fais tourner la tête 451
Mon truc en plumes 469

INTRODUCTION

Lieu commun, opinion bien répandue et assez solidement ancrée dans les esprits, cliché, légende urbaine... voilà comment caractériser les idées reçues.
Ces idées reçues sont aisément transmises, avec toujours la solide et rassurante certitude qu'elles sont exactes. Elles apportent le plus souvent une interrogation simple, voir simpliste ou caricaturale, à une question parfois éminemment complexe. Elles sont finalement une manière de ne pas réfléchir plus avant, et de ne pas se remettre en question.
Notre quotidien est jalonné de ces idées reçues, alors que nous croulons sous les possibilités d'accéder au savoir, et de vérifier les informations qui sont mises à notre disposition.
Ces idées reçues, qui sont des choses que l'on croit vraies, mais qui sont pourtant fausses, ou même des choses que l'on croit totalement fausses alors qu'elles sont parfaitement vraies, sont monnaie courante.

Leur transmission de génération en génération les rend encore plus difficiles à déraciner de nos cerveaux : les évidences ont la vie dure. On ne renonce pas aussi facilement à ce que l'on croit savoir ! À cet égard, le nombre de choses fausses que l'on croit vraies est probablement aussi important que le nombre de choses vraies que l'on croit fausses…

Cet ouvrage vise à débusquer, sans prétendre à l'exhaustivité, ces idées reçues, à les décortiquer, à démêler le vrai du faux, à prendre le recul nécessaire sur nos certitudes, à apporter un éclairage sur ce que l'on croit savoir, sur ce que l'on pense être vrai et sur ce qu'il est difficile de croire.

À TABLE

FAUX !

C'EST UNE POMME QU'ÈVE FIT CROQUER À ADAM

Le fameux « fruit défendu » qu'Ève fit croquer à Adam est une pomme, c'est un fait acquis. C'est Ève qui y goûta d'abord, influencée par le vil serpent Nahash, et qui le fit ensuite manger à Adam. Après qu'ils eurent croqué ce fruit pourtant interdit, Dieu chassa Adam et Ève de l'Éden. Ce faisant, ils devinrent tous deux mortels.

Le péché originel est resté associé à la pomme. Mais la référence à la pomme pourrait venir d'une interprétation européenne des récits bibliques : le pommier est un arbre courant en Europe, et l'arbre où le fruit défendu fut cueilli n'était pas décrit précisément. D'ailleurs, dans d'autres pays, le fruit défendu fut représenté par une figue ou une poire, ou même une grenade.

De plus, les traductions latines de la Bible mentionnent un *pomum*, ce qui ne signifie pas « pomme », mais tout simplement « fruit ».

LE CHOCOLAT EST UN ANTIDÉPRESSEUR

FAUX !

Nombreux sont les consommateurs de chocolat qui avancent que celui-ci est un excellent antidépresseur.
Hélas ! La consommation de chocolat est éminemment agréable, mais pas au point de faire cesser la dépression. D'ailleurs, si c'était le cas, il ne se vendrait probablement pas autant de médicaments antidépresseurs chaque année en France.
Le chocolat, loin d'être une drogue dont on peut devenir dépendant, contient une substance qui provoque des effets euphorisants, appelée « anandamide ». Et certains scientifiques considèrent que le chocolat contient des molécules qui empêchent la destruction de l'anandamide et prolongent les fameux effets euphorisants de cette dernière. D'où cette fausse réputation d'antidépresseur attribuée au chocolat.
Autant se contenter des effets à court terme du chocolat et du plaisir qu'on éprouve

en en croquant quelques morceaux. Il a d'ailleurs été démontré qu'au contraire, le chocolat aurait tendance à prolonger les états d'anxiété au lieu de les faire cesser. Inutile d'essayer de trouver des prétextes fallacieux pour manger du chocolat lorsqu'on est un gourmand, surtout si l'on n'est pas déprimé !

VRAI !

AU XVIIe SIÈCLE, TOUT LE MONDE BUVAIT DE LA BIÈRE EN OCCIDENT, MÊME LES ENFANTS

Cela paraît insensé, mais il fut un temps où les enfants des sociétés occidentales buvaient de la bière ! Si cela n'est bien entendu plus le cas aujourd'hui, au XVIIe siècle, le fait de consommer de la bière pour un enfant n'avait rien d'illégal et était somme toute assez banal. À l'époque, on redoutait par-dessus tout la contamination par l'eau, et on préférait ainsi faire boire de la bière aux enfants, plutôt que de risquer qu'ils s'empoisonnent ou attrapent des maladies graves en en consommant.

La fermentation permettait en effet de prévenir la transmission par l'eau des épidémies. Parallèlement, les sociétés orientales et extrême-orientales développaient la consommation du thé, élaboré avec de l'eau bouillante, pour éviter la propagation des maladies et empêcher le déclin démographique.

Il s'agissait en somme d'une mesure prophylactique répandue en Grande-Bretagne, mais aussi dans d'autres pays occidentaux et jusqu'aux rivages de la Méditerranée.

Puis, les méthodes de traitement de l'eau sont apparues et, surtout, les études scientifiques mettant en avant les méfaits de l'alcool sur la santé humaine, plus particulièrement celle des enfants : il n'y avait alors plus de justification pour les enfants à consommer de la bière. Seuls les adultes ont continué, avec plus ou moins de modération !

AU COURS DES XVIIe ET XVIIIe SIÈCLES, LA CONSOMMATION DE CAFÉ ÉTAIT ILLÉGALE DANS CERTAINS PAYS D'EUROPE

VRAI !

Le café a connu quelques vicissitudes à travers l'Histoire, et ce depuis l'origine. Par exemple, au XVIe siècle, à Istanbul, le café fut fort critiqué par les imams, qui estimaient que sa dégustation détournait les hommes de la prière et de leurs autres obligations religieuses. Tant et si bien que la boisson fut interdite dans la capitale ottomane. Devant les protestations des consommateurs (et des commerçants), les cafés rouvrirent finalement leurs portes et boire du café ne fut plus interdit.
En Angleterre, au XVIIe siècle, le café connut encore quelques déboires : il fut interdit et les cafés furent fermés en 1675, sur ordre du roi Charles II. Cette décision royale fut prise après que les femmes anglaises eurent fait signer

dans tout le pays la pétition *The Woman's Petition Against Coffee*. Les femmes d'alors estimaient en effet que le café détournait leurs maris de leurs obligations familiales et considéraient les établissements qui le servaient comme des lieux de perdition. La réaction de la population masculine ne se fit cependant pas attendre, et le roi revint finalement rapidement sur sa décision, avant même qu'elle n'entre en vigueur.
En Allemagne, la situation du café n'était pas plus glorieuse, puisque au cours du XVIIIe siècle, Frédéric le Grand interdit la torréfaction du café, sauf dans les établissements gouvernementaux officiels.
Le café fut donc souvent considéré comme une boisson démoniaque, une menace religieuse ou sociale, d'où son interdiction.

LES JUS DE FRUITS SONT MOINS SUCRÉS QUE LE COCA-COLA

FAUX !

La fameuse boisson gazeuse est affublée de nombreux défauts, à commencer par la quantité de sucre qu'elle contient. Le Coca-Cola a donc la réputation d'être beaucoup plus sucré que les jus de fruits.
En y regardant d'un peu plus près, on découvre que la teneur en sucres du Coca-Cola est parfois inférieure à celle de certains jus de fruits, y compris bien sûr des nectars au nom si évocateur, vendus au rayon des jus de fruits et pourtant composés de sirop, d'assez peu de jus de fruits proprement dit, de sucre (beaucoup) et d'eau.
Par exemple : un litre de Coca-Cola contient 106 grammes de glucides, soit l'équivalent de 21 morceaux de sucre, ce qui n'est déjà pas mal ! Mais il faut savoir qu'un litre de jus d'orange frais pasteurisé en contient 105 grammes, et un litre de jus de raisin 175 grammes !
Les teneurs en sucres du Coca-Cola et des jus de fruits sont proches ou équivalentes, voire supérieures dans certains jus de fruits.

Du point de vue diététique, l'intérêt nutritionnel des jus de fruits et du Coca-Cola n'est en revanche pas le même : à la différence du Coca-Cola, les vrais jus de fruits ne contiennent pas de sucres ajoutés, ce qui ne veut malgré tout pas dire qu'on peut les consommer sans modération !

LA SOUPE DE NIDS D'HIRONDELLES EST À BASE DE VRAIS NIDS D'HIRONDELLES

VRAI !

En Asie du Sud-Est et en Chine, les nids d'hirondelles sont un mets très prisé et sont consommés la plupart du temps en soupe. À l'origine, ces nids d'hirondelles étaient appréciés pour leurs vertus médicinales par les souverains asiatiques, notamment les empereurs des anciennes dynasties chinoises, les Tang, de 618 à 907, puis les Song, de 960

à 1279, ainsi que par quelques très riches notables et commerçants qui pouvaient s'offrir ce plat de luxe.
Puis sous la dynastie Ming, le commerce des nids d'hirondelles est devenu florissant : ces nids étaient récoltés un peu partout en Asie, aussi bien en Indonésie, en Malaisie, en Thaïlande, qu'en Inde et au Vietnam.
Beaucoup plus tard, dans les années 1920, à la fin des dynasties impériales chinoises (Qing), la consommation de nids d'hirondelles se démocratisa en Chine et dans toute l'Asie. Aujourd'hui, c'est un cadeau apprécié au moment du Nouvel An chinois.
On a tendance en Occident, à ne pas vouloir croire que la soupe de nids d'hirondelles est fabriquée à base de vrais nids. Pourtant, c'est bien le cas. Ce sont d'authentiques nids d'hirondelles, ou plus exactement de martinets à longue queue. Seuls les nids construits par cette espèce de martinet en période de reproduction sont comestibles.
Après leur récolte, ces nids sont trempés dans l'eau pendant un à deux jours, afin d'être ramollis, et avant d'être soigneusement nettoyés.
Il ne s'agit pas d'un aliment qui a beaucoup de goût : c'est la manière dont ces nids sont accommodés qui les rend savoureux, sous

forme de potage ou même de boissons agrémentées de ginseng et de sucre.
Les nids d'hirondelles, qui sont donc de vrais nids d'oiseaux, restent appréciés pour leurs vertus fortifiantes. Ils sont aussi consommés en prévention de la sécheresse de la peau et pour limiter le vieillissement cutané. Ils facilitent la digestion et stimulent l'appétit.

FAUX !

LE CAFÉ DÉCAFÉINÉ NE CONTIENT PAS DE CAFÉINE

Combien d'individus ont renoncé à leur petit noir sur le zinc, à leur petit « caoua », pour se rabattre sur le café décaféiné, en invoquant les effets dévastateurs de la caféine sur leur comportement, leur sommeil et leur santé !
Le café décaféiné est supposé ne pas contenir de caféine, et donc ne pas causer le moindre désagrément à la santé. Seulement voilà : ce n'est pas le cas.

Le café décaféiné porte mal son nom puisqu'il contient quand même de la caféine, certes en moins grande quantité que dans le café classique. Des chercheurs de l'université de Floride ont fait des tests qui ont abouti au constat suivant : les cafés décaféinés contiennent de la caféine, entre 8 et 14 milligrammes pour une tasse de 25 centilitres, contre tout de même 85 milligrammes pour du café non décaféiné.
Autrement dit, ceux qui doivent éviter la caféine doivent éviter le café… et le déca !

FAUX !

LE GRUYÈRE EST UN FROMAGE À TROUS

Dans l'imaginaire collectif, le gruyère est ce fromage plein de trous dont les souris se délectent…, mais dans l'imaginaire collectif seulement car, en réalité, le gruyère, fromage originaire de Suisse romande, n'est absolument pas troué. On le confond tout simplement

avec son homologue à pâte pressée cuite, l'emmental (ou emmenthal, ou emmentaler) qui, lui, est effectivement troué.
Ce qui a probablement créé et entretenu la confusion dans les esprits, c'est que l'emmental a pendant longtemps été vendu en France sous l'appellation générique de « gruyère ».
Le fromage commercialisé en France sous le vocable « gruyère » ne faisait ainsi pas la distinction entre l'emmental suisse, le gruyère suisse et le gruyère français.
Pendant quelques années, le gruyère a été l'objet de dissensions entre Helvètes et Français, chacun en revendiquant la paternité : aujourd'hui, tout semble être rentré dans l'ordre : le gruyère suisse est labellisé AOC (appellation d'origine contrôlée) depuis 2001, et le gruyère français, troué, bénéficie également d'une AOC depuis 2007.
Le gruyère français AOC est troué, tandis que le gruyère suisse, lui, ne l'est pas.

LA NOIX DE CAJOU EST TOUJOURS VENDUE SANS COQUILLE

VRAI !

La noix de cajou est en réalité le fruit de l'anacardier, un arbre originaire du Brésil, cousin du pistachier et du manguier.
Les fidèles de l'apéro la dégustent avec bonheur, mais la noix de cajou n'est pas qu'un amuse-gueule : ses qualités gustatives et son goût subtil en font un produit utilisé dans des salades, avec du riz, dans des plats cuisinés, dans des biscuits ou des entremets. On peut également la broyer pour en faire une pâte, utilisable en tartines, en fin de cuisson ou à la place d'autres matières grasses en pâtisserie.
La noix de cajou rentre dans la composition de nombreux cosmétiques.
Elle est recouverte de deux coquilles : une extérieure, lisse et fine, et une intérieure, particulièrement dure et dont il est difficile de venir à bout.
Personne ne s'en est forcément rendu compte, mais la noix de cajou n'est jamais

vendue avec sa coquille, et pour cause... entre les deux coquilles se loge en effet une huile corrosive, absolument non comestible. Cette huile résineuse est à l'origine de brûlures et de cloques sur les doigts : caustique, celle-ci fait partie des composants de résines et vernis appliqués sur le bois pour le protéger des termites, de produits imperméabilisants, ou d'insecticides.
Ceci explique donc l'absence de coquille sur les noix de cajou, qui font d'ailleurs l'objet de traitements assez particuliers après avoir été récoltées, et avant de pouvoir être consommées.

FAUX !

LE MIEL EST PLUS SAIN QUE LE SUCRE

Le miel jouit d'une meilleure réputation pour la santé que le sucre.
En réalité, par rapport au sucre, le miel contient assez peu de vitamines, de minéraux et d'enzymes, qui ont pourtant contribué à sa réputation de produit sain. Le miel n'est

donc pas plus sain que le sucre du point de vue nutritionnel.
En revanche, il faut lui reconnaître d'autres qualités dont le sucre est exempt : par exemple, le miel a un plus fort pouvoir sucrant que n'importe quel sucre, et il est surtout moins calorique, ce qui est fort appréciable. Comme il est riche en fructose et en glucose, le miel a des propriétés stimulantes, idéales pour les sportifs et les personnes fatiguées.

LES OLIVES VERTES ET NOIRES SONT DEUX VARIÉTÉS DIFFÉRENTES D'OLIVES

FAUX !

Cela paraît évident : les olives vertes et les olives noires correspondent à deux variétés différentes d'olives, tant leur couleur, leur texture et leur goût sont différents.
Pourtant, c'est nettement plus simple que ça : il s'agit en réalité du même fruit, issu de

l'olivier, cueilli à des stades de maturation différents. Les olives vertes sont récoltées au début de leur maturation, et les olives noires sont des olives bien mûres, récoltées plus tardivement.
Même les olives s'y mettent pour nous en faire voir de toutes les couleurs… et surtout des vertes et des pas mûres !

LE CÉLERI EST UN ALIMENT À CALORIES « NÉGATIVES »

FAUX !

Le céleri est une plante potagère comestible qui pousse également à l'état sauvage. Riche en fibres, en fer, en minéraux, tels que le potassium et le chlorure de sodium, très peu calorique – entre 10 et 15 calories pour 100 grammes, comme l'aubergine ou les épinards – le céleri est même qualifié d'aliment à « calories négatives ».

Excepté que les calories négatives, sont un mythe. Cela impliquerait en effet que le céleri apporterait moins de calories que ce que le corps en dépense pour le digérer. Mais le céleri, comme d'autres légumes, tels que l'endive, l'asperge ou encore la laitue, est très peu calorique. À déguster sans modération dans le cadre d'un régime amincissant.

MANGER DES CARROTTES AMÉLIORE LA VISION

FAUX !

On dit qu'il faut manger des carottes pour avoir bonne vue : la preuve, les lapins ne portent pas de lunettes !
Blague à part, les carottes sont riches en bêta-carotène, appelé aussi provitamine A. La vitamine A, dont le bêta-carotène, est donc un précurseur chimique, c'est-à-dire un composé impliqué dans une réaction chimique produisant un ou plusieurs autres composés ; elle joue un rôle central dans

la vision, en particulier dans l'adaptation de l'œil à l'obscurité. La vitamine A agit également sur la cornée, qu'elle contribue à préserver.
Par conséquent, manger des carottes ne donne pas bonne vue ni ne corrige la vision : à doses raisonnables, les carottes, comme d'ailleurs d'autres végétaux de couleur orange qui contiennent du bêta-carotène, protègent les yeux, en particulier de la cataracte ou de dégénérescence, mais n'améliorent pas la vision à proprement parler.

LES GERMES DE SOJA SONT DU SOJA

FAUX !

Le soja est une source de protéines végétales, particulièrement appréciée des végétariens. Pour certains, le soja se consomme sous forme de tofu, de lait, etc. D'autres croient le reconnaître dans ces délicieux petits germes qu'ils dégustent en salade ou mélangés à d'autres légumes cuisinés au wok.

Mais ces germes de soja, comme on a coutume de les appeler, n'ont pourtant rien à voir avec des graines de soja germées ! Il s'agit en réalité de haricots germés, de la même famille que les haricots verts, appelés haricots mung ou mungo et cultivés en Asie.

ON PEUT ÊTRE DÉPENDANT À LA CAFÉINE

FAUX !

Consommer de façon excessive du café, donc de la caféine, a la réputation de créer une dépendance physique, qui peut être dangereuse.
Il est vrai que la caféine est un stimulant des systèmes cardio-vasculaire et nerveux. La caféine augmente l'attention et la vigilance. Mais le revers de la médaille concernant la caféine, c'est qu'elle favorise également l'anxiété, la nervosité et qu'elle rend certains individus plus irritables.

Pour savoir si l'on peut devenir dépendant à la caféine, il faut d'abord comprendre comment se manifeste la dépendance à une substance, appelée en langage médical « pharmacodépendance ». C'est le résultat de la consommation excessive et irrépressible d'une substance nocive tels les stupéfiants. Les grands buveurs de café ne sont pas des êtres pharmacodépendants. En effet, les doses de caféine qu'ils ingèrent ne mettent pas à contribution les mêmes circuits cérébraux que ceux qu'une drogue est susceptible de mobiliser.
La caféine n'est pas dangereuse, à moins d'en abuser vraiment jusqu'à provoquer une intoxication. Certaines personnes qui boivent beaucoup de café peuvent parfois ressentir des maux de tête lorsqu'elles arrêtent brutalement d'en boire. Et la plupart des symptômes liés à l'absorption de caféine que l'on prend pour de la dépendance sont d'origine psychologique, puisque liés en réalité à l'anticipation des effets éventuels de la caféine sur l'organisme.

LES HUÎTRES ONT ÉTÉ PENDANT LONGTEMPS UNE NOURRITURE POUR LES PAUVRES

VRAI !

Faibles en calories, nourrissantes, les huîtres sont aujourd'hui un mets courant, mais assez onéreux, consommé au moment des fêtes de fin d'année ou dans les grandes occasions.

Jules César en était fou, Louis XV les dégustait accompagnées de champagne...

Les grands de ce monde, qui ont marqué l'Histoire, la grande, ont raffolé des huîtres : pourtant, si la grande Histoire a retenu ces lubies de princes ou de monarques concernant les huîtres, celles-ci ont pendant très longtemps été un plat de pauvres, notamment pendant le carême.

À l'ère néolithique, les hommes s'en nourrissaient, en utilisaient les coquilles comme objets tranchants, et récupéraient la nacre pour en faire des bijoux.

Les Romains, qui créèrent les premiers parcs à huîtres en consommaient beaucoup, telles quelles, ou accompagnées d'une sauce au poisson appelée *garum*.

Au Moyen Âge, les huîtres étaient consommées directement par les populations côtières dans le dénuement et par les plus riches des villes.

C'est ainsi que pendant le carême, c'est-à-dire les quarante jours précédant la fête de Pâques, les huîtres faisaient partie de la collation du peuple, qui les mangeait généralement crues.

Puis, au cours du XVIIIe siècle, on constata que les bancs naturels d'huîtres commencaient à décliner, du fait de cueillette sauvage notamment. Quelques restrictions furent prises pour préserver les ressources, mais la production continua de chuter : à la fin du XIXe siècle, la rareté des mollusques conduisit au développement de l'élevage et du métier d'ostréiculteur.

Aujourd'hui, c'est la rareté et la fragilité de l'huître qui en font un aliment plutôt festif et luxueux.

LE *CHOP SUEY* ET LE *CHOW MEIN* SONT DES PLATS CHINOIS

VRAI !

Le *chop suey* est un plat mélangeant de la viande, qu'il s'agisse de poulet, de bœuf, de porc ou même de crevettes, avec des légumes variés, le tout nappé d'une sauce épaisse. Le *chow mein* est un plat de nouilles sautées, croustillantes ou non, mélangées à des légumes et de la viande, nappées de sauce soja.

Ces deux plats sont très courants aux États-Unis, tant et si bien qu'on en a oublié leurs origines chinoises, et qu'on en fait des plats presque typiquement nord-américains.

Pourtant, ce sont en effet des plats paysans chinois, importés aux États-Unis par les premiers immigrants au XIXe siècle. Ceux-ci venaient de la province du Guangdong du Sud, où l'on parle un patois, le taishanais, dont le mot *chow mein* dérive. *Chop suey* signifie « mélange ». Ce mot, dans son sens occidental, n'était pas connu dans la langue chinoise. Lorsque le *chop suey* fut popularisé aux États-Unis, il est couramment

admis que les Chinois installés là-bas n'en mangeaient pas.
La prononciation des deux mots *chop suey* et *chow mein* a été profondément modifiée, de même que la manière de préparer ces deux plats, qui ont été adaptés au goût et au palais des Nord-Américains.

FAUX !

ISAAC NEWTON DÉCOUVRIT LA GRAVITATION UNIVERSELLE APRÈS QU'UNE POMME LUI FUT TOMBÉE SUR LA TÊTE

La pomme tombée sur la tête d'Isaac Newton est aussi fameuse que le bain d'Archimède. La légende veut en effet qu'en faisant la sieste sous un pommier Isaac Newton ait été réveillé par la chute d'une pomme qui lui révéla la loi de la gravitation universelle. Cette légende a d'ailleurs donné lieu à de géniales représentations du savant anglais par le dessinateur humoristique Marcel Gotlib, qui a fait d'Isaac Newton un personnage récurrent, se prenant toutes sortes de projectiles sur la tête, comme des pélicans, des paresseux, ou même des petits-suisses, mais aussi, bien sûr, des pommes.

Mais cette légende n'a jamais été confirmée : tout au plus, Isaac Newton eut le loisir d'observer des chutes de pommes lors de promenades nocturnes dans son verger. En voyant ces pommes chuter dans la clarté lunaire, Newton s'interrogea sur la raison pour laquelle la lune, elle, ne tombait pas, à la différence des fruits. La réponse lui vint comme une évidence : la lune tombe, mais est retenue sur son orbite par un phénomène, la gravitation.

Il faut reconnaître qu'il ne lui fallut que quelques instants pour découvrir cette loi universelle, qui fut ensuite convertie sous forme d'équations mathématiques.

MANGER DES ÉPINARDS REND PLUS FORT

FAUX !

On y croit dur comme fer, aux épinards qui rendent plus fort… Probablement en partie sous l'influence de Popeye, qui avale d'une traite des boîtes d'épinards, ce qui lui permet ensuite d'anéantir Brutus avec des biceps en béton. En somme, les épinards sont à Popeye ce que les radiations du soleil sont à Superman ou la potion magique à Astérix…
Les épinards ont donc la réputation d'être extrêmement riches en fer, substance indispensable au bon fonctionnement de notre organisme. Les épinards contiennent en effet du fer, mais beaucoup moins que les lentilles, par exemple, ou les œufs, et surtout la viande rouge et le boudin noir. Ainsi, 100 grammes de feuilles d'épinard frais contiennent moins de 3 milligrammes de fer, alors que l'on trouve 9 milligrammes de fer dans les lentilles ou 20 milligrammes dans le boudin noir.
Cette richesse en fer totalement usurpée serait le fruit d'une erreur de retranscription de la teneur en fer contenue dans les épinards : cette bourde fut commise en 1870 par un biochimiste allemand qui indiqua

27 milligrammes de fer au lieu de 2,7 milligrammes dans 100 grammes de feuilles d'épinard. Ce n'est qu'en 1937 que l'erreur fut enfin corrigée par des chimistes allemands. Mais le fait de corriger l'erreur ne changea rien à la chose : la fausse réputation des épinards riches en fer était faite !

LE *NAAN* AU FROMAGE EST UNE INVENTION FRANÇAISE

VRAI !

Le *naan* est un pain plat, fabriqué à partir de farine de blé, avec ou sans levure selon la région d'origine, et cuit traditionnellement dans un four tandoor. Élaboré couramment en Afghanistan, en Iran, en Ouzbékistan, en Birmanie, au Pakistan et en Inde, principalement au Rajasthan et dans le Gujarat, le *naan* fait partie de la cuisine indienne.
Le *cheese naan* est devenu un incontournable, figurant en bonne place sur les cartes

et menus des restaurants indiens : mais ce délicieux pain fourré au fromage est né dans les cuisines des restaurants indo-pakistanais en France, et plus précisément à Paris !
À l'instar de la fameuse et délicieuse brochette bœuf-fromage servie dans les grils et restaurants japonais, le *naan* fromage a été conçu par les cuisiniers des restaurants pakistanais de Paris, dans le but d'appâter et de séduire les clients français.
Une *french touch* dans une spécialité typiquement indo-pakistanaise, il fallait y penser !

LES LÉGUMES SURGELÉS SONT AUSSI NOURRISSANTS QUE LES LÉGUMES FRAIS

VRAI !

Il y a celles et ceux qui ne jurent que par les légumes frais, qui sont, il est vrai, dotés de nombreuses vertus. Riches en vitamines, en fibres, en antioxydants, en sels minéraux, les légumes ont tout pour plaire : ils jouent à cet égard un rôle essentiel dans la prévention

de nombreuses pathologies, telles que les maladies cardio-vasculaires ou même les cancers.
Autant dire que se passer de légumes, c'est exposer sa santé à des risques importants. Rien de tel que les légumes frais, et si possible de saison. Seulement voilà, on n'a pas toujours le choix : parfois, on n'a pas de légumes frais à se mettre sous la dent, mais uniquement des conserves ou des surgelés.
Il faut savoir que les légumes frais perdent leurs qualités nutritives entre le moment où ils sont récoltés et celui où ils sont consommés : par exemple, les études scientifiques concluent à une perte de 50 % de la teneur en vitamine C deux jours après la cueillette.
Et plus les légumes sont exposés à la lumière, à l'air et à la chaleur, plus leurs propriétés nutritives se détériorent.
Finalement, la surgélation est un mode de conservation des légumes qui permet de préserver leurs qualités gustatives et nutritionnelles : le froid ne tue pas les vitamines et autres minéraux ! Les légumes surgelés sont aussi nourrissants, voire plus nourrissants, que les légumes frais.
La surgélation a peu d'impact sur le contenu nutritionnel des aliments en général, et des légumes en particulier, puisque la plupart

du temps elle a lieu juste après la récolte. À cet égard, les légumes surgelés sont même plus nourrissants que leurs homologues frais, qui ont passé plus de temps à être triés, emballés, transportés et distribués au consommateur final. Durant cette période, les légumes frais peuvent perdre jusqu'à 15 % de leur vitamine C chaque jour.

FAUX !

LE COCA-COLA ATTAQUE L'ESTOMAC

Le Coca-Cola est une sorte de boisson diabolique, dont l'acidité permet d'ôter les taches de rouille sur des outils ou des clés, par exemple, et mieux que n'importe quel produit antirouille particulièrement toxique. Cette acidité légendaire et prouvée fait dire à certains que si le Coca-Cola attaque le métal ou fait disparaître des morceaux de viande en les dissolvant, alors le soda maléfique attaque de la même manière l'estomac,

qu'il ronge, tout comme l'émail des dents d'ailleurs.
Mais il faut savoir que l'acidité qui règne dans l'estomac est bien supérieure à celle du Coca-Cola : les sucs gastriques qui contribuent au processus de digestion des aliments sont à cet égard plus acides que le Coca-Cola : les pH respectifs sont de 2 et 2,5/3.
Pour que le Coca-Cola attaque vraiment la muqueuse gastrique ou l'émail des dents, il faudrait que celles-ci baignent dans le soda pendant plusieurs jours.

QUI DORT DÎNE

FAUX !

Avec ce dicton, certains trouvent un prétexte pour aller se coucher ou envoyer les enfants au lit sans prendre le temps de dîner. Ils sont ainsi persuadés que le simple fait de dormir peut faire oublier la sensation de faim.

Ils commettent à cet égard une grave erreur, qui n'est d'ailleurs pas sans conséquence ni danger pour les organismes les plus fragiles. Il est recommandé de dîner avant d'aller se coucher, car, pendant le sommeil nocturne, la dépense en énergie de notre corps est loin d'être nulle : le cerveau, pour tourner à plein, doit être alimenté en glucides, y compris pendant les phases de sommeil. Aller se coucher avec l'estomac vide rend l'endormissement plus difficile, voire impossible dans certains cas ; pis encore, certaines personnes à jeun ont fait des malaises hypoglycémiques nocturnes.

Cette idée reçue provient d'une mauvaise interprétation d'un dicton du XVIIIe siècle : à l'origine, il s'agissait de prévenir les clients des auberges qu'il était obligatoire de dîner sur place pour pouvoir louer une chambre pour la nuit.

LES NOIX DU BRÉSIL CONTIENNENT DE LA RADIOACTIVITÉ

VRAI !

La noix du Brésil, appelée aussi « noix d'Amazonie » ou *castanha-do-Pará* en portugais, est produite par le *Bertholletia excelsa*, un arbre qui pousse essentiellement en Amérique du Sud, au Brésil, au Pérou et en Bolivie. Cette noix est pleine de qualités nutritionnelles et gustatives : elle est appréciée par les *aficionados* de l'apéro, mais se consomme également sous forme d'huile au délicat goût de noisette. Elle est aussi utilisée dans certaines préparations médicinales, destinées à soulager les maux d'estomac par exemple.

Contre toute attente, ces délicieuses noix sont particulièrement concentrées en sélénium, oligo-élément dont les effets bénéfiques pour la santé sont scientifiquement prouvés. Et les noix du Brésil sont naturellement radioactives, puisqu'elles sont riches en radium 226, ainsi qu'en potassium 40. Cette radioactivité naturelle est sans danger pour la santé humaine : elle ne provient d'ailleurs pas d'une quelconque contamination ou pollution artificielle, mais est absorbée dans le sol par l'important réseau de racines du noyer du Brésil.

FAUX !

ON PEUT FABRIQUER DU POP-CORN EN PLAÇANT DES GRAINS DE MAÏS ENTRE QUATRE TÉLÉPHONES PORTABLES

Se fabriquer du pop-corn en plaçant des grains de maïs entre quatre téléphones portables, c'est certainement un rêve pour les amateurs de pop-corn et un cauchemar absolu pour ceux qui doutent de l'innocuité pour la santé humaine des ondes émises par les téléphones portables.

Que tout le monde garde son calme : ce n'est pas possible, même si une vidéo diffusée sur Internet l'a montré.
Cette vidéo est un montage. Tous ceux qui ont essayé de reproduire l'expérience ont lamentablement échoué : la chaleur provoquée par les ondes du téléphone est infime et bien insuffisante pour faire exploser les grains de maïs.

ON PEUT FAIRE DU FEU EN FROTTANT DEUX SILEX L'UN CONTRE L'AUTRE

FAUX !

L'image des hommes préhistoriques qui allumaient un feu en frottant deux silex l'un contre l'autre est à remiser au rayon des erreurs majeures.
Non pour des raisons historiques, mais bien pour des raisons scientifiques : frotter deux silex l'un contre l'autre est sans doute

distrayant et produit de jolies étincelles, mais demeure sans efficacité si l'on souhaite allumer un bon feu. Certes, en frottant deux silex, on obtient des étincelles, mais celles-ci ne peuvent en aucun cas embraser quoi que ce soit : il s'agit d'étincelles qualifiées de « froides » qui sont particulièrement instables et ne jaillissent pas.
La seule façon d'allumer du feu avec un silex est de le frotter contre une autre pierre qui ne soit pas un silex, mais qui contienne du sulfure de fer : c'est le cas de la pyrite ou de la marcassite. Les étincelles ainsi obtenues seront chaudes et pourront embraser des morceaux de bois placés à proximité, dans un récipient ou sur un support approprié.
Reste ensuite à faire preuve de dextérité ou de patience, et à avoir quelque chose de bien inflammable sous la main pour que le feu puisse prendre.

ON PEUT APPORTER SON CASSE-CROÛTE POUR LE MANGER DANS UN CAFÉ

VRAI !

Nombreux sont celles et ceux qui se sont fait refouler d'un café où ils avaient eu l'outrecuidance de se présenter muni(e) s de leur sandwich, de leur croissant ou de leur petite madeleine à tremper dans leur tasse de thé.
Nombreux sont ainsi celles et ceux qui pensent par conséquent qu'il est interdit d'apporter sa nourriture au café : cependant, il n'en est rien.
Aucune loi n'interdit en effet d'apporter son casse-croûte et de le déguster sur place, assis à table ou juché sur un tabouret au comptoir ; en revanche, le cafetier a la possibilité d'exiger que l'on prenne une consommation, c'est la moindre des choses après tout.
Le cafetier ne peut donc refuser de servir un client qui a apporté un petit quelque chose à grignoter ni lui interdire de manger

sa propre nourriture, sauf, si un panneau lisible de l'extérieur de l'établissement indique qu'il n'est pas permis d'apporter son casse-croûte.

ANTOINE PARMENTIER A INTRODUIT LA POMME DE TERRE EN FRANCE

FAUX !

La pomme de terre, familièrement appelée « patate », est un tubercule comestible de la famille des solanacées, cultivé aujourd'hui un peu partout dans le monde, et sous toutes les latitudes. C'est un aliment de base, consommé et accommodé de multiples manières, qui dispose de nombreux atouts et qualités sur le plan nutritif.
On considère que c'est Antoine Parmentier, né en 1737, qui a introduit ce précieux tubercule en France, mais c'est une erreur.

En réalité, les premières pommes de terre, appelées « truffoles », furent cultivées en Ardèche au cours du XVIe siècle : c'est là qu'officiellement Olivier de Serres, agronome autodidacte, en cultiva en 1600. Puis la culture de la pomme de terre se pratiqua en Franche-Comté, en Bourgogne et dans le Dauphiné, d'abord pour nourrir les animaux. Autrement dit, la pomme de terre fut introduite en France dès le XVIe siècle, alors qu'Antoine Parmentier n'était même pas né !

Il est vrai que la population française se montrait méfiante vis-à-vis d'un tubercule issu d'une famille de plantes hautement toxiques, telle la mandragore. Si la pomme de terre était donc connue en France en 1737, année de la naissance d'Antoine Parmentier, il fallut toutefois attendre plusieurs années avant que la population se mette réellement à en consommer.

C'est au cours de sa captivité en Allemagne, vers 1760, que Parmentier commença à s'intéresser à la pomme de terre. À partir de 1770, et jusqu'en 1781, il publia quelques études montrant l'intérêt économique et nutritionnel de la pomme de terre, afin d'en généraliser la culture en France.

Pour parvenir à ses fins et convaincre la population, il offrit d'abord des plants au roi

Louis XVI, puis en planta dans un champ de deux hectares situé plaine des Sablons : il fit tout d'abord poster des gardes de nuit autour de la parcelle, puis la laissa libre d'accès. Ceux qui vinrent dérober le précieux tubercule jusqu'alors gardé le goûtèrent et se rendirent compte qu'il n'était ni mauvais ni toxique. Cette initiative favorisa la généralisation de la culture de la pomme de terre en France.

MANGER CHAUD RÉCHAUFFE, PARTICULIÈREMENT PENDANT L'HIVER

FAUX !

Il est souvent recommandé de manger un bon plat chaud lorsqu'il fait bien froid, histoire de se réchauffer tout le corps.
Mais cela n'est pas exact : manger chaud ne réchauffe pas durablement l'organisme.

C'est une question d'apport énergétique et donc de calories, ou plus exactement de joules (l'unité de mesure consacrée aujourd'hui). En fait, les aliments chauds n'apportent pas plus d'énergie que les aliments froids.
En d'autres termes, c'est l'apport en énergie des nutriments contenus dans les aliments qui est déterminant et pas la température ou l'énergie thermique des aliments consommés. Cela signifie que l'énergie thermique des aliments chauds apporte moins de calories (ou de joules) que les nutriments présents dans les aliments ingérés.
C'est donc le contenu énergétique des aliments qui est primordial et pas la température à laquelle ils sont consommés. Cela étant, un couscous ou un pot-au-feu seront bien plus agréable à déguster chaud que froid !

LES VITRES QUI EXPLOSENT DANS LES FILMS SONT EN SUCRE

VRAI !

Les explosions de vitres sont fréquentes dans les films d'action, et certains personnages ont le chic pour passer à travers. Fort heureusement, ces vitres ne sont pas vraiment en verre : si c'était le cas, il y aurait des blessures en pagaille.

Pendant longtemps, ces vitres étaient fabriquées en sucre, en suivant une recette bien particulière, à base de sucre en poudre bien évidemment, mais aussi de sirop de glucose et de crème de tartre. Le produit final était très convaincant, assez lisse, transparent, se brisant en milliers de petits fragments et ressemblant à s'y méprendre à du verre, sans en comporter les dangers.

Aujourd'hui, les vitres sont généralement réalisées en verre médical, d'une extrême finesse et particulièrement fragile, qui peut se briser sans risque de blessure pour les acteurs. Le sucre fondu est encore utilisé lorsque l'on veut figurer des vitres anciennes, comportant des petits défauts et imperfections.

De plus, pour les autres objets que l'on souhaite briser, comme des bouteilles, des verres, etc., on recourt également à de la résine, d'ailleurs appelée « sucre », qui se brise facilement et qui ne comporte quasiment pas de risques pour les acteurs.

FAUX !

ON PEUT S'EMPOISONNER EN MÂCHONNANT LA MINE D'UN CRAYON À PAPIER

C'est le plomb contenu dans la mine du crayon à papier qui serait à l'origine de cette croyance assez répandue.
Pourtant, mâchonner ou suçoter la mine d'un crayon de papier n'est pas si courant, mais si jamais cela arrivait, il faut savoir qu'il n'y a aucun danger d'empoisonnement au plomb, pour la bonne et simple raison qu'il n'y a pas de plomb dans la mine du crayon.
Le crayon de papier, appelé aussi « crayon de bois », « crayon gris » ou encore « crayon

de mine » dans certaines régions françaises, et justement « crayon de plomb » au Canada, est fabriqué à base de graphite et non de plomb. Le graphite est un minéral noir composé d'atomes de carbone.
Cette erreur vient probablement du fait que la substance avec laquelle étaient fabriqués ces crayons au XVIIe siècle était appelée « plombagine », parce qu'elle ressemblait au plomb, alors qu'il s'agissait bel et bien de graphite.

VRAI !

LES PÉPINS DE POMME CONTIENNENT DU CYANURE

Le cyanure est un composé chimique qui peut être mortel. Le cyanure se présente sous forme gazeuse – il s'agit alors du cyanure d'hydrogène ou de chlorure de cyanogène – ou sous forme de cristaux de cyanure de sodium ou de cyanure de potassium.

Le cyanure d'hydrogène, fut utilisé sous le nom de « Zyklon B » dans les chambres à gaz pendant la Seconde Guerre mondiale. Il aurait été utilisé pendant la guerre Iran-Irak dans les années 1980. La fumée de cigarette contient également du cyanure. Le plastique, lorsqu'il brûle, émet des fumées contenant du cyanure.

Du cyanure dans les pépins de pomme ? Cela paraît absurde, et pourtant c'est vrai. Le cyanure est présent en faible quantité, tout comme il est d'ailleurs présent dans certains aliments et certaines plantes.

Cela signifie-t-il pour autant que l'on risque l'empoisonnement si l'on ingère un pépin de pomme ?

Non ! Le corps humain est capable de résister à de petites quantités de cyanure : il faudrait ainsi manger l'équivalent d'un grand bol de pépins de pommes pour risquer de mourir. Dans ce cas, le décès serait provoqué par un arrêt cardiaque, le cyanure empêchant l'oxygène de circuler dans le sang.

VRAI !

LES POMMES DE TERRE QUI ONT VERDI SONT TOXIQUES

Lorsqu'elles ne sont pas conservées à l'abri de la lumière et/ou que la température ambiante est trop élevée, les pommes de terre peuvent prendre une teinte verte ou se tacher de vert.
Cette coloration verte n'est pas que disgracieuse : elle est mauvaise pour la santé, voire toxique. Elle correspond en effet à une augmentation de la teneur en alcaloïdes dans la pomme de terre : ces alcaloïdes sont loin d'être inoffensifs, puisqu'il s'agit de composés toxiques. En faible quantité, lorsqu'ils sont ingérés, ils produisent quelques symptômes désagréables tels qu'une forte sudation, des malaises intestinaux, ou des picotements dans la bouche.
En quantité plus importante, les alcaloïdes peuvent même provoquer des intoxications et détériorer le système nerveux. Et contrairement à ce que l'on pourrait

croire, la cuisson ne vient pas à bout de ces substances nocives.
Il est donc indispensable d'éliminer soigneusement toutes les parties qui ont verdi, voire de jeter les pommes de terre contaminées. Prudence !

POUR FAIRE PASSER LE FEU DU PIMENT, IL FAUT BOIRE DU LAIT ET NON DE L'EAU

VRAI !

Lorsqu'on vient de manger du piment et qu'on a la bouche en feu, on n'a qu'une seule envie : avaler des litres d'eau bien fraîche, voire glacée, pour éteindre l'incendie.
Ce serait une erreur fatale ! L'eau ne fera qu'augmenter la sensation de brûlure intense. C'est donc bien du lait ou des produits laitiers qu'il est recommandé de consommer pour

atténuer le feu dans la bouche : en effet, le lait bu tel quel, ou les produits laitiers quels qu'ils soient – fromage, yaourt, par exemple – contiennent de la caséine, protéine du lait, qui élimine de la bouche la substance irritante responsable de la sensation de feu dans la bouche.

BELLES PLANTES

FAUX !

CLÉOPÂTRE ÉTAIT ÉGYPTIENNE

Cléopâtre fut la dernière reine d'Égypte : son règne dura de 51 à 30 avant J.-C. Connue pour sa liaison avec Jules César, ainsi qu'avec le général Marc Antoine, elle fut admirée pour sa beauté hors du commun, qui en a fait fantasmer plus d'un – Blaise Pascal y compris, qui affirma d'ailleurs que « le nez de Cléopâtre : s'il eût été plus court, toute la face du monde aurait changé ». Cléopâtre s'est suicidée en plongeant la main dans un panier de figues qui contenait également deux serpents au venin mortel. La fameuse reine a assurément marqué l'histoire de l'Égypte et de l'humanité. Cléopâtre, bien qu'ayant régné sur l'Égypte, n'était pas 100 % égyptienne : elle était en effet d'origine grecque, puisque descendante de Ptolémée, général d'Alexandre le Grand.

« JE ME LA PAIERAIS BIEN » A RAPPORT AVEC LA PROSTITUTION

FAUX !

Contrairement à ce qu'elle sous-entend, l'expression « je me la paierais bien », très familière, ne trouve pas ses origines dans la prostitution.

En fait, c'est d'amour courtois qu'il était question lorsque cette expression est née, au Moyen Âge : du temps des chevaliers, le fait d'arriver à toucher la chevelure de sa dulcinée était un acte fort, une manifestation presque déplacée de l'amour qu'on éprouvait pour une femme. Il n'était donc absolument pas question d'argent, mais bel et bien de coiffure, et plus exactement de peigne.

C'est ainsi qu'à l'origine, après avoir touché les cheveux de sa belle, le chevalier amoureux n'osait espérer pouvoir la peigner. L'expression « je la peignerais bien » a été trivialement déformée au fil du temps pour devenir le bassement connoté « je me la paierais bien », beaucoup moins chaste et romantique.

LA RHUBARBE EST UNE PLANTE TOXIQUE VRAI !

La rhubarbe, légume-tige, plante potagère de la famille des polygonacées, compte plusieurs variétés, qui se caractérisent toutes par une acidité assez marquée. Elle se consomme presque toujours cuite et sucrée.
Les accros à la rhubarbe adorent la déguster en tarte, en compote, en confiture ou même en crumble.
Malgré sa saveur particulière, la rhubarbe est une plante toxique, dont il faut grandement se méfier : seule sa tige est comestible. Sa large feuille reconnaissable entre mille est très toxique, et entre d'ailleurs dans la composition de nombreux insecticides. Il n'est pas rare que les jardiniers utilisent des décoctions de feuilles de rhubarbe pour repousser les pucerons.
La feuille de la rhubarbe n'est pas un poison qui peut entraîner la mort si on en mange, mais elle contient une forte proportion d'oxalates (570 à 1 900 mg/100 g de rhubarbe), qui occasionnent d'intenses brûlures du tube digestif, des douleurs abdominales,

des nausées et des vomissements. Si une grande quantité de feuilles est ingérée, même si elles sont cuites, cela peut engendrer des calculs rénaux ainsi qu'une insuffisance rénale aiguë, à soigner sans attendre.

VRAI !

LE KOPI LUWAK, LE CAFÉ LE PLUS CHER DU MONDE, EST RÉCOLTÉ DANS LES EXCRÉMENTS D'UN ANIMAL

Les experts en café le savent : le kopi luwak est hors de prix. Le caviar du café, en quelque sorte.
Ce que les novices ne savent probablement pas, c'est que si ce café est si cher, c'est à cause de ses modes de récolte et de torréfaction très particuliers.
Ce café si précieux provient en effet des excréments d'une petite bestiole, une

civette, appelée « luwak », dont le nom scientifique est *Paradoxurus hermaphroditus.* Le luwak appartient à la famille des viverridés, petits carnivores vivant principalement en Afrique et en Asie.
Le luwak se nourrit des fruits du caféier, dans les plantations de café d'Indonésie. Ces fruits, débarrassés de leur pulpe amère grâce à l'action des sucs digestifs de l'animal, sont rejetés entiers dans les excréments, au terme d'un séjour d'environ un jour et demi dans le tube digestif. Il « suffit » de ramasser ces graines, de les laver soigneusement, de les faire sécher au soleil, de les torréfier, et le tour est joué : les grains de café sont prêts à être utilisés !
La boisson obtenue, ce fameux café kopi luwak, possède, d'après les amateurs, des notes et des arômes soutenus et surprenants de caramel et de chocolat : ce breuvage si rare, consommé dans les cafés d'Indonésie et d'Asie du Sud-Est, est également exporté au Japon et aux États-Unis.

L'HOMÉOPATHIE EST UNE MÉDECINE PAR LES PLANTES

FAUX !

L'homéopathie est une médecine non conventionnelle, qui n'est d'ailleurs pas aussi récente qu'on pourrait le penser puisqu'elle a été mise au point par un médecin allemand, le docteur Hahnemann, pendant la première moitié du XIXe siècle.
L'homéopathie repose sur trois principes de base : la personnalisation, la similitude et la dilution.
La personnalisation consiste à adapter le traitement à la personne qui le reçoit.
La similitude est au cœur de l'approche homéopathique : il s'agit en effet d'administrer au patient une dose, infime, de la substance responsable de la maladie. Ce principe de similitude se traduit par « les semblables soignent les semblables » ou « le mal guérit le mal ».
La dilution consiste bien évidemment à diluer hautement chaque substance, pour éviter qu'elle ne soit dangereuse pour l'organisme et n'accentue la maladie à soigner.

Les petits granules homéopathiques que tout le monde connaît ne sont pas toujours à base de plantes ; ils peuvent contenir des minéraux, des extraits d'animaux (cœur et foie de canard, par exemple) et des ingrédients plus surprenants (cartilage, venin de serpent, etc.).
L'homéopathie n'est donc en aucune façon une médecine par les plantes, comme l'est la phytothérapie.

VRAI !

LE MUGUET EST UNE PLANTE TOXIQUE, VOIRE MORTELLE

« Il est revenu le temps du muguet. » Oui, chaque année, début mai, c'est donc le temps du muguet, cette charmante plante aux odoriférantes clochettes blanches. Plante vivace, qui pousse un peu partout en France, sauf dans les zones méditerranéennes, le muguet est toxique.

Et à l'inverse du cochon, dans lequel il est coutume de dire que tout est bon, dans le muguet tout est toxique, au point même qu'il l'est encore lorsque ses fleurs ont séché. Le muguet contient des substances, qualifiées de « cardio-toxiques », ce qui signifie tout simplement qu'elles sont toxiques pour le cœur, à savoir la convallarine, la convallamarine et la convallatoxine. Ces substances ralentissent l'activité cardiaque.
Pendant longtemps, on a d'ailleurs utilisé le muguet pour soigner certaines maladies cardiaques, mais les approximations dans les dosages pouvaient avoir des conséquences dramatiques. L'intoxication se caractérise par des troubles digestifs assez violents, suivis de ralentissements ou de troubles du rythme cardiaque, puis d'accélérations de la respiration. Parfois, ces symptômes s'accompagnent de vertiges, de convulsions, de tremblements, voire d'une hausse importante de la quantité d'urines.
En cas d'ingestion de grandes quantités de la plante, qu'il s'agisse des baies, des tiges ou des feuilles, ou de l'eau du vase, il faut d'urgence aller à l'hôpital.
Le muguet est donc une très jolie fleur, à admirer de loin, et que les enfants ne doivent toucher sous aucun prétexte.

LES DESSINS ANIMÉS *KIRIKOU* ONT ÉTÉ INTERDITS À LA PROJECTION AUX MINEURS AUX ÉTATS-UNIS CAR LES FEMMES Y SONT SEINS NUS

VRAI !

Un dessin animé pour enfants interdit aux enfants, c'est un comble ! Et pourtant, c'est ce qui est arrivé aux deux dessins animés mettant en scène le tout petit garçon Kirikou : créés par l'animateur français Michel Ocelot, les deux longs métrages, le premier, *Kirikou et la sorcière,* sorti en 1998, et le suivant, *Kirikou et les bêtes sauvages* sorti en 2005, racontent les histoires d'un enfant noir de taille minuscule, habitant dans un village africain imaginaire.
Tout petit, vaillant, très intelligent et véloce, entre autres caractéristiques, Kirikou est également tout nu. Et les femmes qui gravitent autour de lui sont seins nus.

La nudité du petit héros, et surtout celle des seins des femmes ont posé des problèmes avant même que le film ne sorte, au point de gêner certains distributeurs européens et américains du film. Ils réclamèrent que Kirikou soit affublé d'une culotte et les femmes de soutiens-gorge, ce à quoi Michel Ocelot s'opposa.

Globalement, le film fut finalement distribué sans souci particulier, exception faite de la Grande-Bretagne et des États-Unis.

En Grande-Bretagne, la nudité de Kirikou ne paraissait pas ainsi montrable au public et le film ne trouva pas de distributeur avant 2003.

Aux États-Unis, une petite compagnie franco-américaine choisit de le distribuer, de manière très confidentielle, et sans présenter le film à la commission de classification. Les parents de jeunes enfants furent prévenus de la nudité des personnages par affichettes placées à l'entrée des quelques salles de projection.

LA MARGUERITE EST UNE FLEUR

FAUX !

La marguerite a tout d'une fleur avec son cœur jaune vif et sa jolie corolle de pétales blancs. Mais les botanistes avertis le savent bien : la marguerite n'est pas une fleur, mais plusieurs fleurs.

En se munissant d'une loupe, on peut constater que le cœur de la marguerite est en réalité constitué d'une multitude de toutes petites fleurs jaunes de forme tubulaire. Ces minuscules fleurs jaunes sont entourées de ce que l'on croit être des pétales blancs, mais qui sont également des fleurs comptant chacune cinq pétales soudés entre eux.

VRAI !

ON TROUVE DES PASTÈQUES CUBIQUES AU JAPON

Les Japonais sont particulièrement friands de pastèques. Appelée *suika* en nippon, cette grosse cucurbitacée, tellement rafraîchissante en été, a été introduite dans l'empire du Soleil-Levant par les Occidentaux à la fin du XVIe siècle.
Au début des années 2000, les producteurs d'une coopérative agricole ont eu l'idée de cultiver des pastèques cubiques. Ces étranges pastèques ne sont en aucun cas le fruit d'une obscure manipulation génétique, mais sont sorties de terre avec l'objectif de les conditionner et de les stocker plus facilement !
Plus simple à ranger au réfrigérateur, la pastèque carrée est obtenue en la faisant croître dans un contenant en verre cubique. Cette sorte de « moule » en verre permet de faire pousser des pastèques pouvant peser plus de 10 kilogrammes. La contrepartie de ce côté éminemment pratique, c'est le prix élevé : ces pastèques cubiques coûtent plus cher que les pastèques normales, qui sont déjà assez onéreuses.

FAUX !

LA MOUSSE QUI POUSSE SUR LES ARBRES INDIQUE LE NORD

Ceux qui se sont déjà perdus dans la forêt et avaient malencontreusement oublié leur boussole s'y sont fait prendre une fois, mais pas deux : ils ont cru pouvoir trouver le nord en regardant les troncs d'arbres garnis de mousse… Erreur ! La mousse sur les arbres n'indique pas systématiquement le nord ; certes, elle pousse mieux sur les parties les plus humides du tronc ou les moins exposées au soleil, donc plus souvent au nord, mais aussi à l'est ou à l'ouest. D'ailleurs, dans les lieux très humides, les troncs des arbres sont couverts de mousse : voilà de quoi y perdre le nord ! Mieux vaut donc ne pas oublier la carte ou la boussole pour les promenades en forêt ou, pourquoi pas, semer des petits cailloux pour retrouver son chemin…

LA TOMATE EST UN LÉGUME

FAUX !

On mange la tomate comme un légume, en sauce, farcie ou en salade, alors pourquoi diable serait-elle un fruit ?

Le fruit se définit comme le végétal qui remplace la fleur après sa fécondation et qui renferme les graines de la plante : ce qui est exactement le cas de la tomate comme de la pomme, de la courgette ou de la banane, toutes des fruits…

La tomate, du point de vue botanique, est donc un fruit, doté de la particularité d'être cuisiné et consommé la plupart du temps comme un légume.

LE PALMIER EST UN ARBRE

FAUX !

Le palmier ressemble à s'y méprendre à un arbre, avec sa jolie touffe de feuilles en haut de son tronc. C'est un vilain farceur car, d'un point de vue botanique, ce n'est pas un arbre, mais tout simplement une plante géante, appartenant à la grande famille des monocotylédones, dans laquelle on trouve notamment les orchidées, les céréales (le blé, le maïs ou l'orge, par exemple) et l'herbe des pelouses.
Ce que l'on prend pour un tronc en bois s'appelle le « stipe », c'est une grosse tige pleine de moelle, et les palmes ne sont en aucun cas des branches, mais un simple bouquet de feuilles terminales.

LES TOPINAMBOURS TIENNENT LEUR NOM D'UNE TRIBU D'INDIENS DU BRÉSIL

VRAI !

Artichaut de Jérusalem, poire de terre ou truffe du Canada, le topinambour a été pendant longtemps délaissé, car rappelant probablement les temps où la nourriture se faisait rare : il semble aujourd'hui faire son retour dans les cuisines, se substituant fréquemment à la pomme de terre.
Assez peu calorique, le topinambour dispose d'un fort pouvoir rassasiant apprécié des personnes qui surveillent leur alimentation. Riche en fibres et vitamines B, le topinambour est également concentré en sels minéraux et en oligo-éléments, tels que le potassium, le calcium, le phosphore, mais aussi le fer et le magnésium.
Plante très rustique qui se cultive facilement et nécessite peu de soins, le topinambour a supplanté pendant de longues années la

pomme de terre, qui a fini par lui prendre sa *pole position*.

Le topinambour, *Helianthus tuberosus*, est le tubercule d'une plante herbacée, qui vient d'Amérique du Nord, et qui fut introduit en France en 1613.

Le nom « topinambour » a été donné à ce légume sur la base d'un malentendu : ce nom vient en effet de celui d'une tribu d'Indiens du Brésil, les Topinamboux. Pourtant, ceux-ci n'ont rien à voir avec le tubercule.

Il se trouve qu'un groupe d'Indiens du peuple Topinambou était présent en France, pour être montré au peuple et au roi, au moment même où le tubercule fut introduit : cette coïncidence entretint la confusion dans les esprits, et l'on confondit les Indiens Topinamboux avec le tubercule.

LA NECTARINE EST UN HYBRIDE DE LA PÊCHE ET DE LA PRUNE

FAUX !

La nectarine n'a rien à voir avec la prune : ces deux fruits délicieux à peau lisse et à gros noyau n'ont aucun lien de parenté.
La nectarine n'est pas le résultat d'une manipulation telle qu'une greffe de branche de prunier sur un pêcher. La nectarine est, en effet, le fruit d'une mutation naturelle du pêcher, et on peut d'ailleurs observer sur certains arbres des pêches et des nectarines !
L'homme n'y est donc pour rien du tout !

FAUX !

LE TOURNESOL SUIT LA COURSE DU SOLEIL

Le tournesol fait partie de ces fleurs un peu magiques, auxquelles on attribue l'étonnante faculté de suivre la course du soleil pendant la journée. D'ailleurs, si le tournesol s'appelle ainsi, c'est qu'il y a bien une raison !
En réalité, le tournesol est une plante héliotropique avant sa floraison, et non après. L'héliotropisme ou phototropisme est le phénomène par lequel une plante trouve l'orientation optimale par rapport à l'ensoleillement, ce qui permet à la photosynthèse de se dérouler dans les meilleures conditions possibles.
C'est pendant sa phase de croissance, avant qu'il ne soit en fleur, que le tournesol va se tourner vers la lumière. Puis, dès le début de la floraison, la fleur va définitivement s'orienter dans la direction est-sud-est.
Mais pendant la journée, la fleur ne tourne pas sur elle-même : elle conserve l'orientation acquise lors de sa croissance.

LA REINE DU JEU D'ÉCHECS EST UNE FEMME

FAUX !

Puisque c'est une reine, il n'y a pas de raison pour qu'elle soit un homme !
Et pourtant, la reine, pièce particulièrement puissante du jeu d'échecs moderne, était bien un homme à l'origine.
Lorsque le jeu d'échecs fut importé en Europe et qu'il subit son « occidentalisation », les pièces furent adaptées et modifiées : en particulier, le vizir qui, par une transcription en vieux français, devint « fierge » ou « vierge », puis « reine » ou « dame ». Mais en aucun cas le vizir n'aurait pu être une femme : le vizir était l'éminence grise du roi en Orient.
La transformation du vizir en reine était finalement dans l'ordre des choses et correspondait aux valeurs de la société médiévale, qui vouait un culte à la Vierge et qui permettait à la reine d'exercer le pouvoir royal, parfois au même titre que son époux.

ON PEUT FABRIQUER UNE PILE AVEC UN SIMPLE CITRON

VRAI !

Le citron est un agrume plein de qualités, dont certaines peuvent vraiment surprendre. Il est ainsi tout à fait possible de fabriquer une pile avec un, ou plutôt deux, citron(s) : c'est le physicien italien Alessandro Volta (1745-1827) qui mit au point le principe de cette curieuse « pile au citron », devenue un classique des cours de physique-chimie. Pour réaliser cette pile fruitée, il faut se munir d'un ou deux citrons, d'une lamelle de cuivre, d'une lamelle de zinc, d'une petite ampoule de 1,5 volt ou moins, de fil électrique et de ruban adhésif.

La marche à suivre est la suivante : couper le citron en deux, insérer la lamelle de zinc dans une des moitiés de citron et la lamelle de cuivre dans l'autre.

Couper le fil électrique de manière à obtenir deux morceaux d'une dizaine de centimètres

chacun, en dénuder les extrémités en ôtant le plastique qui est dessus.
À l'aide de ruban adhésif, fixer une des extrémités dénudées du premier fil à la lamelle de zinc et l'extrémité dénudée du second fil à la lamelle de cuivre.
Relier le fil collé à la lamelle de zinc avec la borne négative de l'ampoule.
En principe, à ce stade, il ne se passe rien !
Il faut alors relier le fil collé à la lamelle de cuivre à la borne positive de l'ampoule, qui va alors s'allumer !
Le citron produisant moins de 1 volt, cela suffira à éclairer l'ampoule.
Cette réaction est le fruit d'un phénomène dit « d'oxydo-réduction », par lequel du courant électrique est créé : c'est la différence de potentiel entre la tige de zinc et celle de cuivre, toutes deux trempées dans de l'acide citrique, qui entraîne la migration des ions et donc le courant électrique.

BIZARRE, BIZARRE, VOUS AVEZ DIT BIZARRE...

AU XIXe SIÈCLE, LE COCA-COLA CONTENAIT DE LA COCAÏNE

VRAI !

Le Coca-Cola, boisson gazeuse mondialement connue, a d'abord été conçu comme un breuvage médicinal. Son créateur, John Pemberton, pharmacien à Atlanta, tomba un peu par hasard sur ladite boisson, en mélangeant un liquide parfumé avec de l'eau gazeuse. Les clients purent y goûter et en apprécièrent le goût nouveau. La boisson fut d'abord fabriquée artisanalement et servie au verre : durant sa première année d'existence, neuf verres par jour seulement en étaient vendus.
Le mélange mis au point en 1886 par Pemberton contenait de la cocaïne issue de la feuille de coca, ainsi que de la caféine provenant de la noix de cola. Pemberton souhaitait en effet fabriquer une boisson tonifiante : c'est d'ailleurs cette qualité que vantaient les premiers messages publicitaires de la marque.

À ses débuts, la boisson contenait donc de la cocaïne, dont les effets nocifs pour la santé n'étaient pas encore prouvés. À cette époque, il y avait également de la cocaïne dans les cigares, les cigarettes et les chewing-gums.
Il faudra attendre 1906 pour que la cocaïne ne fasse plus partie des ingrédients du Coca-Cola.
Et aujourd'hui encore, la recette du soda, restée à peu près secrète, prête encore à de nombreuses interrogations et polémiques.

GMT EST L'ACRONYME DE *GREENWICH MERIDIAN TIME*

FAUX !

L'heure de référence dans le monde entier est celle calculée à l'observatoire astronomique de Greenwich, à quelques kilomètres de Londres, en Angleterre. Le fuseau horaire de référence est celui de Greenwich. À l'intérieur d'un fuseau, l'heure est la même

partout : les 24 fuseaux horaires correspondent aux vingt-quatre heures d'une journée.
Le méridien de Greenwich est par ailleurs, depuis 1884, le méridien qui sert de référence, de méridien « zéro » pour la mesure de toutes les longitudes de la planète. Le globe compte 360 méridiens principaux.
Ce rôle de Greenwich dans la mesure de l'heure de référence d'une part, de celle de la longitude d'autre part, est probablement à l'origine de la confusion, puisque l'on croit, à tort, que GMT est l'acronyme de *Greenwich Meridian Time*.
En réalité, GMT signifie *Greenwich Mean Time*, soit « temps moyen de Greenwich ».

CE SONT LES MÂLES HIPPOCAMPES QUI DONNENT NAISSANCE AUX PETITS

VRAI !

En principe, chez tous les animaux, vertébrés ou invertébrés, mammifères ou pas, terrestres ou marins, ce sont les femelles qui donnent naissance aux petits et assurent ainsi la reproduction de l'espèce.

Il existe cependant une exception notable, puisque de manière fort surprenante, chez les hippocampes, ce sont les mâles qui fertilisent les œufs. Ces derniers sont pondus par la femelle dans la poche ventrale du mâle, lequel les « couve » pendant deux à trois semaines environ, tel un bon papa-poule, et les met ensuite au monde.

Les œufs éclosent au sein de la poche ventrale, pour y poursuivre leur développement pendant quelques jours ou quelques semaines selon l'espèce : les petits sont alors expulsés par des contractions, jusqu'à ce que la poche soit résorbée. Le mâle « accouche » véritablement !

Et le papa cheval de mer peut donner naissance à 150 petits ! Rien que ça !
Les hippocampes ne font donc rien comme les autres poissons, en plus de nager à la verticale et d'avoir une drôle de dégaine !

L'ÉQUIPE NATIONALE DE RUGBY CHAMPIONNE OLYMPIQUE EN TITRE EST CELLE DES ÉTATS-UNIS

VRAI !

Jusqu'à preuve du contraire, les États-Unis ne sont pas à proprement parler une grande nation de rugby.
Mais c'est bien l'équipe américaine de rugby à XV qui est championne en titre de la discipline.
L'explication en est toute simple : l'équipe des États-Unis a remporté le dernier titre olympique de rugby à XV en… 1924. En finale, les États-Unis affrontèrent la France et

remportèrent le titre au terme d'un match particulièrement violent, sur un score sans appel de 17 à 3. En réalité, les États-Unis avaient aligné une équipe de joueurs de football américains, qui cognèrent allègrement leurs adversaires.
Compte tenu de la violence de ce match, le Comité international olympique décida que le rugby à XV ne ferait plus partie des sports olympiques. Mais le rugby joué à sept joueur(euse)s a finalement fait son retour dans la liste des sports olympiques en 2009, après un vote favorable de l'instance internationale.

FAUX !

LE LAIT EST BON POUR LES CHATS

S'il est une idée reçue tenace, c'est bien celle-ci : les chats raffolent du lait et il faut leur en donner, parce que c'est bon pour eux. En réalité, les chats n'apprécient pas systématiquement le lait qu'on leur verse dans leur gamelle et, plus encore, le lait n'est pas bon pour leur santé. Quitte à leur donner à boire, mieux vaut leur proposer de l'eau, qu'ils absorbent d'ailleurs généralement en petite quantité. Le lait est un aliment, et pas une boisson. Si on tient vraiment à faire ingurgiter du lait à minou, il est indispensable de lui donner du lait spécialement étudié pour les chats, en lieu et place du lait de vache. Il se trouve en effet que les chats, une fois sevrés, ne peuvent plus digérer le lactose. Le lactose contenu dans le lait de vache est susceptible de provoquer des troubles digestifs graves chez les chats.

LE POISSON-CLOWN CHANGE DE SEXE AU COURS DE SA VIE

VRAI !

Le poisson-clown, dont le nom scientifique est *Amphiprion ocellaris* appartient à la famille des pomacentridés.

Le poisson-clown a plus d'un tour dans son sac. Outre le fait qu'il vit la plupart du temps dans une anémone de mer, contre les piqûres de laquelle il est immunisé, le petit poisson à rayures orange et blanches dispose de l'étrange faculté de changer de sexe au cours de sa vie, selon les circonstances.

À la naissance, les alevins sont tous de sexe masculin. Les plus gros d'entre eux, contre toute attente, deviendront des femelles reproductrices. À la mort de la femelle, le mâle le plus gros, généralement le mâle dominant du groupe d'individus, va alors la remplacer, et changer de sexe.

Deux femelles peuvent vivre ensemble et pondre, mais leurs œufs ne seront pas fécondés. Si ce sont deux mâles, l'un d'eux finira par changer de sexe pour devenir une femelle reproductrice.

GOLF SIGNIFIE *GENTLEMEN ONLY, LADIES FORBIDDEN*

FAUX !

Le mot « golf » a une étymologie assez floue, au point qu'on ait cru pendant longtemps, et qu'on soit d'ailleurs encore assez nombreux à croire, qu'il signifiait *Gentlemen Only Ladies Forbidden*, soit littéralement : « Hommes seulement femmes interdites. »

Cet acronyme sexiste et faux aurait pour origine le fait qu'à ses débuts le golf était essentiellement pratiqué par les hommes. D'ailleurs, il existe aujourd'hui encore quelques parcours interdits aux femmes aux États-Unis et en Grande-Bretagne.

Mais il n'en demeure pas moins que l'on ne sait pas trop d'où vient le mot « golf ». Il est probablement originaire des Pays-Bas, où l'on pratiquait un jeu appelé « colf », avec une balle et des cannes qui ressemblaient aux clubs actuels. Le jeu fut exporté en Écosse par les Hollandais vers le XVIe siècle, où il prit d'abord les noms de « gouff » ou « golf ». Le terme « golf » fut ensuite préféré à « gouff », lorsque le jeu commença à s'implanter et se développer en Écosse.

FAUX !

LA « MAILLE » D'« AVOIR MAILLE À PARTIR » DÉSIGNE LE TRICOT

Lorsqu'on a maille à partir avec quelqu'un, ce n'est pas bon signe : cela veut dire qu'on a un différend avec cette personne. Bien entendu, ce différend est plus ou moins grave et important, et donc plus ou moins simple à régler... si on souhaite le régler.
La « maille » de cette expression n'a rien à voir avec le tricot et les lainages divers (et d'hiver aussi, d'ailleurs !).
C'est au Moyen Âge que cette expression fit son apparition, d'abord sous la forme « avoir maille à départir ». À cette

époque, « départir » signifiait « partager ». Et la maille n'était autre qu'une pièce de monnaie représentant une toute petite somme équivalant à un demi-denier. Le denier valait, quant à lui, un douzième de sol et un deux cent quarantième de livre tournois. Autant dire que la maille ne valait… presque rien !
La pièce de monnaie minuscule était donc difficilement partageable entre deux personnes, d'où les éventuelles querelles, naissant de la quasi-impossibilité de répartir une somme aussi dérisoire entre deux individus.
L'expression a pris sa forme actuelle au milieu du XVIIe siècle pour devenir « avoir maille à partir ».

LE KOALA A DES EMPREINTES DIGITALES UNIQUES

VRAI !

Le koala, ce charmant marsupial arboricole endémique à l'Australie, est l'unique représentant de la famille des phascolarctidés, dont les autres genres se sont tous éteints. Outre le fait qu'il ne vit qu'en Australie et qu'il se nourrit de feuilles d'eucalyptus, le koala est désormais une espèce menacée. De plus, le koala a la particularité d'avoir des empreintes digitales uniques, spécifiques à chaque individu, exactement comme les êtres humains.

Et, cerise sur le gâteau, les empreintes digitales du koala et celles de l'homme se ressemblent comme deux gouttes d'eau. Seuls les spécialistes, munis d'un bon microscope, pourront faire la différence entre l'empreinte du petit marsupial et une empreinte humaine.

SOS SIGNIFIE *SAVE OUR SOULS*

FAUX !

Tout le monde, ou presque, connaît l'histoire du *Titanic* et de son déchirant appel de détresse, lancé par radio le 14 avril 1912, après que le navire eut heurté un iceberg. Cet appel radiotélégraphique, d'ailleurs faussement considéré comme le premier du genre, composé de trois points, suivis de trois traits, puis de nouveau de trois points, serait ainsi la forme abrégée de *Save Our Souls*, soit littéralement : « Sauvez nos âmes. »

Cette demande d'assistance immédiate est utilisée en code Morse depuis le 3 novembre 1906.

En 1904, la société Marconi, qui détenait le monopole des transmissions radiotélégraphiques, imposa les signaux « CQ », qui annonçaient un message très important, et « CQD », qui signifiait l'arrêt des émissions et le passage sur écoute de toute urgence.

« CQD » fut d'ailleurs déjà faussement interprété comme l'acronyme de *Come Quick Down* (« Venez vite, nous coulons ») ou *Come Quick Danger* (« Venez vite, je suis en danger »).
Deux ans plus tard, le 3 octobre 1906, la Commission internationale de Berlin sur les transmissions radio décida de changer le signal de détresse « CQD », trop peu reconnaissable, et surtout trop proche du signal « CQ », qui ne servait qu'à attirer l'attention des télégraphistes sans réellement les mettre en situation d'alerte. La marine allemande utilisait « EOE », soit un point, trois traits, un point ; le « E » fut remplacé par un « S », qui compte trois points. Le SOS était officiellement adopté, même si les Britanniques ne l'employèrent qu'après le naufrage du *Titanic*.
Le premier SOS répertorié fut celui envoyé le 10 juin 1909 par un paquebot échoué aux Açores.
SOS ne représente rien d'autre qu'un signal de détresse et n'est pas l'acronyme de quoi que ce soit, puisqu'il est envoyé non sous forme de lettres bien distinctes, mais sous forme de signaux.

LES LÉGIONNAIRES N'ONT PAS LE DROIT DE SE MARIER NI DE S'ACHETER UNE VOITURE

VRAI !

Le statut des légionnaires est particulier, de même que leur mode de recrutement. Pendant de nombreuses années, les légionnaires étaient recrutés sur la base de l'anonymat, en utilisant une identité d'emprunt. Cette identité d'emprunt permettait de les protéger, et leur offrait éventuellement la possibilité de tirer un trait sur leur passé, ce qui pouvait en arranger certains. Cette pratique, devenue systématique, n'est plus en vigueur aujourd'hui : depuis peu, les engagés peuvent conserver leur « identité présumée véritable », à condition de pouvoir justifier de celle-ci. Les deux tiers des légionnaires recrutés choisissent cette option, le tiers restant conservant une identité d'emprunt. Aujourd'hui encore, les légionnaires peuvent être titulaires d'un permis de conduire, mais

ne peuvent s'acheter de véhicule qu'à la condition d'avoir accompli au moins cinq années de service et d'avoir régularisé leur situation militaire, ce qui signifie avoir servi sous leur véritable identité.
Quant au mariage, il n'est pas formellement interdit, mais... il n'est autorisé que par le commandement.

FAUX !

LES SAINTS SE FÊTENT LE JOUR MÊME

Si l'usage le plus répandu est de souhaiter la fête de quelqu'un le jour même, il serait en réalité plus proche de la tradition liturgique catholique de la souhaiter la veille.
Pourquoi la veille ?
Parce que les fêtes importantes, dans la liturgie catholique, commencent la veille par les « premières vêpres ». Celles-ci consistent en un office chanté, la veille au soir, dans les lieux de culte catholique ainsi que dans les monastères. Cette coutume a d'ailleurs été empruntée aux juifs, pour qui les jours allaient du soir au soir.

Tous les grands évènements religieux sont célébrés dès la veille au soir : Noël, Pâques, la Pentecôte, l'Assomption et les « grands » saints.
La liturgie catholique ne célèbre pas les saints « ordinaires » dès la veille au soir, mais dans de nombreuses régions françaises la tradition est de souhaiter sa fête à la personne concernée la veille, et non le jour même.

LES ITALIENS APPELLENT LEUR ÉQUIPE DE FOOTBALL LA SQUADRA AZZURA

FAUX !

Par un fait étrange, le maillot de l'équipe nationale de football d'Italie est bleu, alors que le drapeau transalpin est vert, blanc et rouge.
Ce maillot fut blanc jusqu'en 1911. Lors d'un match contre la Hongrie, les joueurs italiens

revêtirent un maillot bleu, en l'honneur de la famille royale italienne, issue de la maison de Savoie, dont la couleur officielle était précisément le bleu. C'est donc depuis 1911 que les joueurs italiens officient en maillot bleu, justifiant pleinement le surnom donné à l'équipe de Squadra azzura.
Mais ce fameux surnom n'a été donné à l'équipe d'Italie que lors de la Coupe du monde de football de 1938 par des journalistes français : ce sont les Français qui surnomment ainsi l'équipe nationale italienne, car, en Italie, l'équipe est appelée la Nazionale et les joueurs *gli Azzuri*, soit littéralement « les bleus ».

FAUX !

LES CORDES DE VIOLON SONT EN BOYAU DE CHAT

Pour obtenir des cordes bien vibrantes de violon, quoi de plus simple ?
Prenez un chat, éviscérez-le, conservez son intestin grêle et son colon, faites-les sécher

et, si besoin est, gainez-les d'un filetage de cuivre ou d'argent.
Fort heureusement pour nos félins préférés, ce n'est pas du boyau de chat qui est utilisé pour fabriquer les cordes des violons, mais de l'intestin grêle de mouton.
C'est probablement le terme anglais *catgut* qui est à l'origine de cette cruelle méprise : le catgut est un fil de suture utilisé en chirurgie, qui fut peut-être fabriqué avec du boyaux de chat, mais qui est aujourd'hui issu de boyau de vache ou de chèvre.

VRAI !

LE LAC KARATCHAÏ DANS L'OURAL EST HAUTEMENT RADIOACTIF

Il est des endroits du monde où il vaut mieux ne pas mettre un orteil. C'est le cas du lac Karatchaï. Situé dans les contreforts de l'Oural en Russie, ce lac, de dimensions

relativement modestes (45 hectares environ), est assez peu profond.
Il s'étend non loin de l'immense complexe industriel de Mayak ou Maïak, qui produit d'énormes quantités de déchets radioactifs, lesquels ont pendant quelques années été rejetés dans un premier temps dans la rivière Tetcha, puis directement dans le lac.
Le Karatchaï est donc une aire de stockage de déchets dangereux : d'après les experts en radioactivité, il contiendrait 120 millions de curies de radioactivité, bien plus que les rejets occasionnés par l'explosion de la centrale nucléaire de Tchernobyl.
Il n'est donc pas question d'aller s'y tremper les pieds, ni même d'aller y passer plus de quelques minutes, sans courir le risque de recevoir une dose mortelle de radiations.

LES PANDAS GÉANTS SONT EXCLUSIVEMENT VÉGÉTARIENS

FAUX !

Le panda géant, sorte de gros ours noir et blanc, devenu le symbole du World Wide Fund for Nature (WWF), est un animal aussi magnifique que fascinant, mais malheureusement en voie de disparition.
L'image que l'on a en tête, c'est celle du panda géant assis bien tranquillement et grignotant une tige de bambou. Il est exact que le panda géant passe une bonne partie de sa journée à se nourrir de bambou, régime alimentaire pour le moins spécifique et étroitement lié à son habitat naturel situé dans les hautes montagnes.
Cela n'en fait pas pour autant un animal 100 % végétarien ; son système digestif est d'ailleurs caractéristique de celui des carnivores. Les ancêtres du panda géant étaient carnivores, et petit à petit, l'animal est devenu omnivore : aujourd'hui, le panda géant se nourrit principalement de bambou, mais pas exclusivement, puisque, parfois, il

mange un peu de viande (carcasses d'animaux ou petits rongeurs), voire du poisson.

FAUX !

LES CHATS RETOMBENT TOUJOURS SUR LEURS PATTES

Les chats ont un sens de l'équilibre qu'on leur envie, ils sont réputés retomber sur leurs pattes lorsqu'ils chutent, quoi qu'il arrive.
Il est vrai que leur sens de l'équilibre leur permet de relever la tête assez haut dès qu'ils tombent. Une fois la tête relevée, le reste de leur corps se redresse, et les pattes pointent alors vers la bonne direction, c'est-à-dire vers le bas. Et tout au long de sa chute, le minet se positionne de façon à ne pas se blesser.
Mais pour faire tout cela, il lui faut du temps, donc tomber d'une hauteur suffisante. Pour pouvoir faire jouer son sens de l'équilibre à plein et effectivement retomber sur ses

pattes, la hauteur de sa chute doit être supérieure à 1 mètre 50, mais ne doit pas dépasser 3 mètres environ. S'il choit de plus de 3 mètres, il risque de se faire très mal en touchant le sol.

FAUX !

LES NOMS PROPRES N'ONT PAS D'ORTHOGRAPHE

Les noms patronymiques ont la réputation de n'avoir aucune orthographe. La graphie des noms patronymiques, et d'ailleurs de tous les autres noms propres, semble n'obéir à aucune règle particulière, ce qui pourrait ainsi laisser croire que les noms propres n'ont, en effet, pas d'orthographe.
Tant et si bien qu'il est difficile de comprendre pourquoi, par exemple, il y a autant de noms patronymiques proches écrits si différemment : ce sont souvent des erreurs de retranscription dans les registres ou des différences de patois ou de langue d'une région à

l'autre qui peuvent aujourd'hui expliquer les homonymies ou les noms dérivés.
Mais il est réducteur de penser que les noms patronymiques n'ont pas d'orthographe pour autant ; d'ailleurs, l'état civil est le garant de la bonne transmission et de la bonne graphie des noms. Sinon, il serait beaucoup plus aisé de changer de nom, et on pourrait le faire à sa guise, ce qui est loin d'être le cas.

VRAI !

LES PROCÈS INTENTÉS AUX ANIMAUX ONT EXISTÉ

A-t-on déjà vu une vache condamnée au bûcher ? Un cochon à la potence ?
Oui, Votre Honneur !
Il faut remonter au Moyen Âge pour trouver la trace des procès intentés aux animaux.
De nombreux animaux furent ainsi condamnés à mort, mis à l'amende ou excommuniés par l'Église.

Pas de quartier pour les animaux, qu'ils soient à plumes ou à poils !
La justice distinguait pour les animaux deux sortes de délits : ceux relevant des instances civiles et ceux relevant des affaires criminelles, exactement comme pour les hommes !
En matière pénale, les procès auraient débuté dès le XIe siècle, et en France on a retrouvé un jugement datant de 1226, condamnant un porc au bûcher pour avoir dévoré un enfant. En septembre 1394, un porc fut pendu pour avoir tué un enfant. Le 24 décembre 1414, des archives juridiques font état d'un petit pourceau traîné et pendu par les jambes de derrière, pour le meurtre d'un enfant. Des porcs et pourceaux furent maintes fois suppliciés, de diverses manières, tout au long des XIVe et XVe siècles.
Avant d'être puni, le délinquant était mis en prison, pendant la durée de l'instruction du procès. Au cours de cette mise en détention préventive, le procureur rassemblait les éléments nécessaires à la mise en accusation du coupable. Lors du procès, les éventuels témoins étaient entendus, puis le procureur faisait son réquisitoire et le juge rendait sa sentence, comme dans n'importe quel procès. Pendant le procès, l'animal restait

emprisonné. C'est dans sa cellule qu'on lui signifiait sa sentence. Cette sentence était loin d'être le fruit du hasard : elle était proportionnelle à la gravité du crime commis. Les exécutions étaient généralement publiques et les frais occasionnés par celles-ci (rétribution du bourreau, etc.) étaient pris en charge par le propriétaire de l'animal. Enfin, lors de l'exécution, l'animal était parfois habillé en homme.

Durant le Moyen Âge, les excommunications d'animaux en tout genre étaient fréquentes : sangsues excommuniées car détruisant les poissons, mulots et chenilles également excommuniés.

Les accusations de sorcellerie étaient fréquentes aussi et donnaient lieu à des condamnations à mort. Elles relevaient de la justice civile, qui s'appliquait à toutes sortes d'animaux, généralement nuisibles, comme les rats, les mulots, les taupes, les chenilles, etc. Le dernier jugement d'excommunication d'un animal date de 1741 et a été prononcé à l'encontre d'une vache.

C'EST GRAVE, DOCTEUR ?

FAUX !

LE PATIENT DU MÉDECIN S'APPELLE AINSI PARCE QU'IL PATIENTE DANS LA SALLE D'ATTENTE

La salle d'attente du médecin est parfois pleine à craquer et, quelle que soit l'affluence, c'est de toutes les façons le passage obligé pour celui qui va consulter ou recevoir des soins.

Et toutes les personnes qui sont dans les salles d'attente médicales sont aussi appelées des « patients »... Ce qui est loin d'être illogique, puisqu'elles attendent... En fait, ce n'est pas une question de logique, mais d'étymologie !

Le « patient » désigne non pas « celui qui patiente », même si c'est parfois le cas, mais « celui qui souffre » ou « celui qui endure ». C'est en effet du latin *patiens*, participe passé du verbe *deponent pati*, que vient le terme « patient ».

FAUX !

« CÉSARIENNE » VIENT DE JULES CÉSAR

Un raccourci un peu hâtif fait un lien direct entre la césarienne, opération chirurgicale pratiquée sur certaines femmes pour leur accouchement, et Jules César, l'empereur romain. La césarienne aurait donc été baptisée ainsi parce que Jules César serait né grâce à cette opération.
Il faut savoir que cette opération était, en effet, réalisée dans l'Antiquité, mais sur des femmes mortes pendant leur accouchement, pour tenter de sauver le bébé. Aucune femme n'aurait survécu à l'opération telle que pratiquée par les médecins de cette époque.
Or, la mère de Jules César n'est pas morte en couches. Le futur empereur n'est donc pas, en toute probabilité, né par césarienne. Le terme « césarienne » est en réalité issu du latin *caedere* qui signifie « couper ».

CERTAINES MALADIES ÉCHAPPENT AU SECRET MÉDICAL

VRAI !

Les médecins sont tenus à une obligation de secret professionnel, et ce depuis les origines de la médecine.
Ainsi, Hippocrate (460 à 356 avant J.-C.), considéré comme le « père de la médecine » et qui a donné son nom au serment que prêtent les nouveaux médecins, disait : « Ce que tu as appris de ton malade, tu le tairas dans toute circonstance [...]. Les choses que dans l'exercice ou même hors l'exercice de mon art, je pourrais voir ou entendre sur l'existence des hommes et qui ne peuvent pas être divulguées au-dehors, je les tairai. »
On considère qu'il s'agit de la première définition du secret professionnel, appliqué à la médecine.
Ce secret professionnel a pour objectif de permettre à une personne de se confier à

un professionnel, comme un médecin ou un avocat, sous le sceau du secret.
À noter que, juridiquement, on ne parle pas de « secret médical », mais de « secret professionnel » appliqué aux professions médicales et paramédicales.
Certaines maladies diagnostiquées par les médecins ou certains événements constatés dans le cadre de leurs fonctions doivent cependant être déclarés ou attestés, échappant ainsi au secret professionnel : c'est le cas des maladies contagieuses ou vénériennes, des maladies professionnelles, ainsi que du dopage, des troubles mentaux, des naissances, des décès et des accidents du travail.

DANS LA CHINE ANCIENNE, LES MÉDECINS N'ÉTAIENT PAYÉS QUE LORSQUE LES PATIENTS ÉTAIENT EN BONNE SANTÉ

VRAI !

La médecine chinoise traditionnelle repose sur une approche très différente de la médecine occidentale, en accordant une grande importance à l'équilibre et à la prévention.
L'objectif unique de cette médecine est de maintenir le patient en bonne santé, alors que la médecine classique traite et guérit la maladie.
Aujourd'hui encore, de nombreux « protocoles » ou méthodes relevant par exemple de la diététique, de l'art du massage, etc., sont mis en œuvre pour prévenir les maladies et se maintenir en bonne santé physique et mentale.
Ceci explique que, dans la Chine ancienne, les médecins percevaient leur rémunération dès lors que leur patient était en bonne santé.

Si jamais le patient avait la mauvaise idée de tomber malade, son médecin n'était pas payé, du moins pas tant qu'il n'avait pas trouvé comment remettre son patient sur pied. Voilà ce qui s'appelle une obligation de résultat !

FAUX !

LE FOIE GRAS A LA CIRRHOSE

La cirrhose est une maladie chronique grave et irréversible qui se caractérise par des lésions de différents types sur le foie, organe essentiel jouant un rôle dans le métabolisme des glucides et des lipides, ainsi que dans celui des protéines du sang. Le foie a également des fonctions antitoxiques importantes pour l'organisme.
La cirrhose est principalement causée par la consommation excessive d'alcool ou les hépatites virales. Elle peut également apparaître à la suite de l'absorption de certains médicaments ou à un déficit enzymatique.

Les foies cirrhotiques possèdent certaines caractéristiques particulières : ils sont soit trop gros, soit trop petits, sont plus fermes qu'un foie non atteint, et sont constellés de nodules qui leur donnent un aspect grumeleux. Rien à voir avec un foie non atteint, qui, lui, est bien rouge, lisse et brillant. Peut-être à revoir...

Pourtant, de nombreux opposants au gavage et au foie gras sont persuadés que le gavage provoque la cirrhose chez les canards ou les oies, ce qui expliquerait la couleur et la taille du foie des palmipèdes. En réalité, le foie des canards et des oies est le lieu où est stockée la graisse : lorsqu'un apport de nourriture en grande quantité est opéré, comme lors du gavage de l'animal, les graisses sont stockées dans le foie, sans que l'animal souffre de cirrhose. Le foie ainsi transformé est qualifié de « stéatosique ». D'ailleurs, si on stoppait le gavage et si l'animal était mis au régime sec, son foie reprendrait son aspect normal... Ce qui n'est, malheureusement, jamais le cas, puisqu'une fois gavés, les bestiaux sont occis.

Mais en tout état de cause, ils ne trépassent pas avec un foie cirrhotique provoqué par le gavage.

L'OS HYOÏDE N'EST RELIÉ À AUCUN AUTRE OS

VRAI !

Il existe, parmi les 206 os que compte le corps humain, un seul os qui a l'étonnante particularité de ne pas être relié aux autres par une articulation : il s'agit de l'os hyoïde. Cela paraît étrange, et l'on est alors en droit de se demander à quoi sert cet os et comment il tient !
Ce petit os, dont la forme rappelle celle d'un upsilon grec ou d'un fer à cheval, fait partie de l'appareil vocal et joue un rôle très important dans la déglutition, la ventilation et la phonation.
Cet os symétrique, qui n'est relié à aucun autre os, est situé dans le cou : il n'a que des liens ligamentaires et musculaires. Il est également le socle de la glotte, permettant l'ouverture ou la fermeture de la colonne laryngée, et la déglutition.
Ce n'est pas parce qu'un os est non articulé qu'il ne sert à rien, bien au contraire !

LA VARIOLE EST LA SEULE MALADIE ÉRADIQUÉE PAR L'HOMME

VRAI !

L'éradication d'une maladie, d'après la définition de l'Organisation mondiale de la santé (OMS), consiste à la faire disparaître définitivement de la surface du globe. L'éradication est donc bien plus radicale que l'endiguement, par lequel on parvient à réduire la mortalité provoquée par une maladie et qui s'obtient sur la durée, et que l'élimination, qui nécessite des efforts constants.

On recense à ce jour un cas unique d'éradication : celui de la variole. En 1979, la variole a été définitivement éradiquée, selon l'OMS. La variole faisait partie de ces très anciennes maladies, qui ont décimé les populations à travers les âges.

Le programme d'éradication mis en œuvre par l'OMS connut quelques vicissitudes, et mit plus de temps que prévu à porter ses fruits : le dernier cas de variole fut finalement signalé en 1977 en Somalie.

La population française n'est plus vaccinée contre la variole. Cependant, en cas d'attaque bactériologique, les autorités sanitaires ont conservé la possibilité de vacciner en deux semaines la population.

FAUX !

UNE CURE DE VITAMINE C PRÉVIENT L'APPARITION DU RHUME ET DE LA GRIPPE

Dès que l'hiver se pointe à l'horizon, nombreux sont ceux qui dégainent leur vitamine C et se lancent ou obligent leurs proches à se lancer dans une cure préventive, pour éviter d'attraper les maladies de l'hiver, comme le rhume ou la grippe.
Mais la vitamine C, même en cure intensive, n'a rien d'un remède préventif miracle.
La vitamine C, appelée scientifiquement « acide ascorbique », est indispensable pour le bon fonctionnement du corps humain. Une de ses particularités est de ne pas être synthétisée par l'organisme humain, alors

que la plupart des animaux en produisent naturellement. Tout comme les primates ou les cochons d'Inde, l'homme a au fil de son évolution, perdu cette capacité.
La vitamine C joue un rôle essentiel dans la production par le corps humain de collagène et protège de l'oxydation certaines substances vitales pour l'organisme (vitamines A et E et acides gras). Une forte carence en vitamine C conduit au scorbut, maladie grave, mais rare de nos jours. Mais ce n'est pas parce que notre organisme ne produit pas de vitamine C qu'il faut pour autant s'en gaver, en particulier pour prévenir la survenue de rhumes, grippes et autres tracas de santé hivernaux. La vitamine C présente dans certains aliments suffit largement à couvrir nos besoins : il faut en absorber 60 à 90 milligrammes quotidiennement.
Il est absolument vain de penser qu'une cure de vitamine C peut empêcher certaines maladies de se développer : il a tout au plus été prouvé que de fortes doses peuvent diminuer, dans certains cas, la sévérité des symptômes, et encore…
Non seulement une absorption prolongée et à haute dose est inutile, mais elle peut être dangereuse pour l'organisme, provoquant des diarrhées, des allergies ou même une décalcification osseuse.

DES ATHLÈTES FÉMININES SOVIÉTIQUES ET D'ALLEMAGNE DE L'EST ONT PARTICIPÉ ENCEINTES AUX JEUX OLYMPIQUES DANS LES ANNÉES 1960

VRAI !

Pendant les années 1960 et 1970, il n'était pas rare que les athlètes féminines soviétiques et allemandes de l'Est participent aux Jeux olympiques en étant enceintes.
Cela paraît aberrant, mais les entraîneurs étaient prêts à tout pour améliorer les performances de leurs athlètes, en profitant des effets physiologiques de la grossesse, susceptibles d'améliorer les performances sportives des jeunes femmes.
Les femmes pratiquant des sports d'endurance, comme le demi-fond ou le marathon, étaient particulièrement concernées, et dans une moindre mesure les gymnastes, qui

voyaient leur souplesse musculaire améliorée en étant enceintes.
Pendant la grossesse, le cœur augmente de volume, de même que la quantité de sang et donc d'hémoglobine, ce qui facilite la ventilation. Ce faisant, pendant le premier trimestre de la grossesse, la capacité de consommation d'oxygène augmente de 10 % à 30 %.
Ceci contribue à l'amélioration des performances dans les sports d'endurance notamment. De plus, les hormones sécrétées pendant la grossesse contribuent à augmenter la souplesse musculaire.
Ces pratiques peu recommandables et d'un autre âge, qui s'apparentent finalement à une forme de dopage un peu particulière, ont été mises en œuvre du temps de la splendeur sportive de l'URSS. On rapporte même que la participation aux jeux Olympiques de certaines sportives fut conditionnée à leur grossesse.

ON PEUT CONTRACTER UN RHUME OU UNE PNEUMONIE À CAUSE D'UN COURANT D'AIR OU D'UN CHANGEMENT BRUSQUE DE TEMPÉRATURE

FAUX !

Nombreuses sont les personnes qui attribuent l'origine de leur rhume ou de leur pneumonie au fait d'être restées dans les courants d'air trop longtemps ou d'avoir été exposées à une chute brutale de la température.

Il n'y a en réalité pas de lien objectivement prouvé entre le froid extérieur ou les courants d'air et le développement d'un rhume ou d'une pneumonie.

Car leur origine est virale : autrement dit, si aucun virus ne traîne dans le coin froid où l'on a eu le malheur de séjourner, on n'attrapera rien du tout.

En revanche, ces virus particulièrement contagieux se transmettent très facilement d'un individu à l'autre. La seule solution pour s'en prémunir le plus possible est de se laver les mains régulièrement, surtout après avoir côtoyé de près des personnes contaminées par ces vilains virus ou avoir malencontreusement touché des objets leur appartenant.

LA « CRISE DE FOIE » VIENT DE LA VÉSICULE BILIAIRE OU DE L'ESTOMAC

VRAI !

La « crise de foie » survient généralement après des agapes, ou lorsqu'on abuse d'aliments gras, de café ou même de cigarettes. Elle n'a rien à voir avec la « crise de foi », qui peut survenir à tout moment, mais qui relève d'un domaine nettement plus spirituel.

La trop fameuse et fort incommodante crise de foie ne porte cependant pas très bien son nom puisqu'elle n'existe pas vraiment. En réalité, elle est essentiellement le résultat d'un dysfonctionnement de la vésicule biliaire ou de l'estomac, tel qu'un ulcère ou un reflux : cela signifie que si le foie est vraiment atteint, c'est que l'on a sans doute une maladie plus sérieuse, de type hépatite ou syndrome hépatique, à faire diagnostiquer puis à traiter sans attendre.
Cela étant, le foie peut être le siège d'un engorgement, rendant alors la digestion difficile ou donnant une sensation de lourdeur au foie. Dans ce cas, il est préférable de modifier son alimentation, en bannissant le gras, les sauces et l'alcool notamment. Ainsi, tout devrait rentrer dans l'ordre.

S'ASSEOIR SUR DES SURFACES TROP CHAUDES OU TROP FROIDES PROVOQUE DES CRISES D'HÉMORROÏDES

FAUX !

Des malchanceux auraient eu des crises d'hémorroïdes après avoir posé leur séant sur des surfaces trop froides ou humides ou trop chaudes. Auquel cas, il serait finalement assez simple de les éviter !
Mais les crises d'hémorroïdes ont d'autres causes, beaucoup moins basiques que celles-ci. Elles correspondent à la dilatation des veines de l'anus ou du rectum. Elles sont le signe d'une dégradation des tissus qui contrôlent la défécation. Lors des crises d'hémorroïdes, les veines qui devraient cesser de se dilater restent malheureusement dilatées : mal placées, douloureuses, désagréables, ces crises n'ont vraiment rien pour plaire.

Les principales causes de ces crises ne sont absolument pas la température du lieu sur lequel on aura préalablement posé son derrière, mais plutôt la constipation, la grossesse et la perte de tonus des tissus avec l'âge.
Mieux vaut donc surveiller son alimentation et l'enrichir en fibres si l'on a tendance à être constipé, boire beaucoup, bien manger le matin, faire un peu d'exercice physique et ne pas rester assis trop longtemps... En tout état de cause, on peut s'asseoir sans crainte sur un coussin chauffant ou poser son séant dans l'herbe humide...

LA TRANSPIRATION N'A PAS D'ODEUR

VRAI !

Un peu comme l'argent, la sueur n'a pas d'odeur !
La sueur, produite par les glandes sudoripares, réparties sur tout le corps, est en effet très majoritairement composée d'eau et de sel, elle n'a donc aucune raison de

sentir quoi que ce soit, et encore moins de sentir mauvais.
Ce n'est donc pas l'odeur de la transpiration en elle-même qui est parfois fort incommodante, mais celle de la sueur après que celle-ci est entrée en contact avec les bactéries accumulées sur la peau.

FAUX !

PORTER UN BRACELET EN ACIER PERMET DE LUTTER CONTRE L'ARTHROSE

L'arthrose est une dégénérescence du cartilage articulaire. Cette dégénérescence a des répercussions fâcheuses et douloureuses sur l'ensemble de l'articulation.
L'arthrose touche plus particulièrement les articulations des hanches, des genoux et des doigts. Les déformations subies par les articulations sont irréversibles ; pourtant, on affirme qu'en portant un bracelet en acier,

on peut lutter contre l'arthrose ou au moins empêcher l'usure de progresser sur l'articulation touchée. L'acier en contact avec la sueur provoquerait une réaction chimique qui permettrait au cartilage de se régénérer. Tout ceci ne repose sur... absolument rien de concret, ni sérieux, ni de scientifiquement vérifié. À ce jour, il n'y a malheureusement pas grand-chose à faire contre l'arthrose une fois que le processus d'usure articulaire est en marche...

LA PILULE CONTRACEPTIVE N'A ÉTÉ LÉGALISÉE AU JAPON QU'EN 1999

VRAI !

Depuis 1967, la pilule contraceptive est proposée aux femmes françaises.
C'est loin d'être le cas au Japon, où son autorisation de mise sur le marché par les autorités sanitaires nippones (Conseil central de pharmacologie du Japon) n'a été donnée

qu'en 1999, au terme d'une étude qui aura duré neuf ans.
D'ailleurs, son utilisation par les femmes japonaises reste marginale, et la pilule contraceptive est majoritairement prescrite à des fins thérapeutiques.

LES TACHES BLANCHES SUR LES ONGLES SONT LE SIGNE D'UN MANQUE DE CALCIUM

FAUX !

Les taches blanches sur les ongles sont le signe d'un manque de calcium ? Qui trouverait quelque chose à redire ?
Tout le monde devrait, car il n'existe aucun lien entre le calcium et les ongles. Les petites taches blanches qui apparaissent parfois sur les ongles sont le résultat de chocs, de traumatismes subis par l'ongle,

ou sont liées à des défauts de constitution de l'ongle. Les ongles sont constitués d'une multitude de couches très fines de kératine collées les unes sur les autres ; il peut arriver que certaines couches ne soient pas bien collées entre elles, ce qui provoque alors un manque de transparence. Les ongles paraissent mouchetés de blanc.
Il n'y a rien d'autre à faire pour voir partir ces petites taches que d'attendre patiemment, et si possible sans se ronger les ongles, que ceux-ci poussent.

FAUX !

L'ULCÈRE À L'ESTOMAC EST CAUSÉ PAR LE STRESS

L'ulcère à l'estomac a pendant longtemps été classé parmi les maladies d'origine psychosomatique : autrement dit, un coup de stress, et hop ! on pouvait développer un ulcère en deux temps et trois mouvements. Pour éradiquer l'ulcère et ses maux d'estomac

associés, les malades devaient manger moins épicé et… arrêter d'être stressés.
Pourtant, l'ulcère à l'estomac n'est pas créé par le stress, mais par une bactérie qui prolifère dans l'estomac et qui provoque des inflammations pour le moins douloureuses de la muqueuse gastrique.
Cette bactérie, qui a la particularité d'arriver à survivre dans un milieu particulièrement acide, porte le doux nom d'*Helicobacter pylori*. Elle a été découverte en 1982 par des chercheurs australiens, qui ont dû convaincre un monde médical et scientifique pourtant persuadé de l'origine exclusivement psychosomatique de l'ulcère à l'estomac. Pour arriver à ses fins, l'un des chercheurs n'a pas hésité à servir de cobaye en ingérant la bactérie, qui lui provoqua un ulcère…
Cette bactérie est la seule capable de proliférer dans l'estomac humain. L'origine bactérienne de l'ulcère ne faisant plus aucun doute, celui-ci se soigne en prenant des antibiotiques.
Le stress n'est donc pas le facteur déclenchant de l'ulcère, mais il en est tout de même un facteur aggravant dans la mesure où il augmente la production d'acide de l'estomac, ce qui n'arrange rien lorsque les muqueuses sont déjà enflammées.

IL EXISTE UN SYNDROME DE « L'ACCENT ÉTRANGER »

VRAI !

Il n'y a pas qu'au cinéma que se produit ce phénomène étrange de « l'accent étranger » : bien qu'extrêmement rare, ce mystérieux syndrome dit de « l'accent étranger » s'est déjà produit à plusieurs reprises, et a fait l'objet de quelques publications médicales. L'un des cas les plus connus, qui fut l'un des premiers à être décrits, est celui d'une jeune Norvégienne, qui fut blessée à la tête par un éclat d'obus pendant la Seconde Guerre mondiale. Cette blessure fit changer sa voix, et elle se mit à parler avec l'accent allemand, ce qui lui valut ensuite d'être cataloguée comme espionne à la solde des Allemands !
Ce syndrome qui fait qu'on change de manière de parler, résulte de lésions cérébrales : le discours n'est plus produit de manière normale, et est alors perçu par l'entourage comme altéré, modifié, avec des intonations différentes, qui ressemblent parfois à s'y méprendre à un accent étranger.

D'autres cas ont été recensés dans la période récente, la maladie étant survenue sans choc ni traumatisme, et pas après une opération ou une quelconque pathologie psychiatrique : la maladie s'est développée en même temps que l'acquisition du langage de l'enfant, sans qu'on sache encore pourquoi et comment !

JE ME SUIS « DÉPLACÉ UNE VERTÈBRE »

FAUX !

Les personnes qui souffrent du dos invoquent parfois un déplacement de vertèbre comme cause de leur douleur.
En réalité, la très grande majorité des dorsalgies, c'est-à-dire des divers maux de dos, n'est fort heureusement pas d'origine osseuse, mais d'origine musculaire : les vertèbres sont en effet solidement articulées entre elles et ce sont les muscles avoisinants qui créent les

douleurs dorsales, en se contractant trop longtemps et/ou trop brutalement.
Un vrai déplacement des vertèbres, quel qu'il soit, est nécessairement causé par un traumatisme grave et ne provoque pas une « simple » douleur dorsale, mais une paralysie de type paraplégie (paralysie des membres inférieurs) ou tétraplégie (paralysie des bras et des jambes).

FAUX !

FAIRE L'AMOUR PENDANT LA GROSSESSE PROVOQUE L'ACCOUCHEMENT

Plus qu'une idée reçue, l'affirmation selon laquelle les rapports sexuels pendant la grossesse favorisent l'accouchement est carrément devenue un truc de grand-mère, un conseil que l'on donne aux femmes arrivées à terme !

Parfois, les futures mamans arrivées au terme de leur grossesse ont hâte que celle-ci se termine ; il y a toujours quelqu'un pour proposer une solution radicale qui leur permettra d'accoucher vite fait bien fait ! Et cette solution, quand ce n'est pas le champagne (qui aide en fait à se détendre !), c'est… le sexe !
D'après ces « experts » en accouchement, ce sont les prostaglandines, hormones présentes en faible quantité dans le sperme, qui provoqueraient des contractions utérines. C'est d'ailleurs cette même prostaglandine qui est parfois administrée par le médecin pour faire débuter le travail.
Mais c'est faux : la prostaglandine émise lors des rapports sexuels l'est en quantité insuffisante pour déclencher à elle seule le travail.
D'ailleurs, les études réalisées sur ce sujet montrent que les femmes arrivées à terme et ayant eu des rapports sexuels ont accouché après celles qui n'en avaient pas eu.
Plus généralement, sauf contre-indication médicale majeure, pendant toute la durée de la grossesse, les rapports sexuels ne sont pas interdits. Il ne manquerait plus que cela !

LE DERNIER ÉPISODE DE LA 6e SAISON DE *DR HOUSE* A ÉTÉ ENTIÈREMENT TOURNÉ AVEC UN APPAREIL PHOTO NUMÉRIQUE

VRAI !

Un épisode de série entièrement filmé avec un appareil photo numérique, ça paraît infaisable techniquement : et pourtant, c'est ce qu'ont fait les réalisateurs du dernier épisode de la saison 6 de *Dr House*, diffusé le 17 mai 2010 aux États-Unis.

Il s'agissait d'une performance technique et commerciale destinée à montrer qu'il était possible de tourner une vidéo avec un simple appareil photo : la qualité professionnelle du résultat a été une opération publicitaire d'envergure pour le fabricant de l'appareil. Cet épisode n° 22, intitulé en français « Sauvez-moi » (*Help me*) a donc été intégralement tourné avec un reflex numérique d'une valeur de 2 000 euros.

LES CAROTTES PEUVENT PIGMENTER LA PEAU EN ORANGE

VRAI !

On prête aux carottes beaucoup de vertus comme celle de rendre aimable ou de donner bonne vue.
On dit aussi que lorsque les bébés mangent des carottes, cela leur donnera les fesses roses.
Ce qui revient à dire que manger beaucoup de carottes peut teinter la peau en orange.
Cela paraît un peu fou, mais la peau peut se teinter d'un hâle orangé, si l'on consomme des carottes en grande quantité, ainsi que dans un cas un peu particulier, celui d'une maladie, tout à fait bénigne appelée « carotémia » ou « carotenodermia ».
Ce sont généralement les végétariens, les jeunes enfants ou les bébés qui sont atteints par ce syndrome, appelé également

« syndrome de la main jaune ». Chez les personnes ayant la peau claire, le syndrome est plus marqué, tandis que chez les personnes ayant la peau mate, le syndrome se manifeste sous la forme d'un jaunissement de la plante des pieds ou de la paume des mains.
C'est le bêta-carotène, ou provitamine A, pigment présent dans les carottes, et d'ailleurs dans d'autres fruits et légumes de couleur orange, comme le melon ou le potiron, qui est à l'origine de la modification de la couleur de la peau. Et c'est la consommation excessive de ces fruits et légumes riches en bêta-carotène qui déclenche la carotémia, chez les personnes dont le système digestif ne peut plus métaboliser le pigment, qui sera alors stocké dans les tissus connectifs superficiels.

FAUX !

FAIRE CRAQUER SES ARTICULATIONS PROVOQUE DE L'ARTHROSE

Certains font craquer leurs articulations, notamment celles des doigts, volontairement ; pour d'autres, leurs articulations craquent toutes seules sans qu'ils y puissent quoi que ce soit.
Le craquement, provoqué ou non, n'est produit ni par les cartilages ni par les os. Il s'agit en réalité de l'explosion de petites bulles de gaz présentes dans la synovie, c'est-à-dire le liquide qui sert à lubrifier les articulations. La synovie contient en effet des gaz dissous (oxygène, azote et dioxyde de carbone en très grande majorité), et lorsque les os s'écartent la pression sur la synovie diminue, libérant des bulles qui grossissent et éclatent. D'où ce bruit, que certaines personnes supportent difficilement.
Si ce bruit est désagréable, cela ne rend pas le craquement dangereux. En tout état

de cause, faire craquer ses articulations ne provoque pas d'arthrose ni d'arthrite, comme on l'entend souvent. En revanche, les ligaments peuvent être fragilisés à force de trop de craquements.

FAUX !

NAPOLÉON BONAPARTE METTAIT SA MAIN DANS SON GILET PARCE QU'IL AVAIT MAL AU VENTRE

La plupart des portraits officiels de l'empereur Napoléon Ier le représentent avec la main droite enfoncée dans son gilet.
Cette posture assez singulière a été hâtivement associée à de violentes douleurs à l'estomac et à l'abdomen, que Napoléon Bonaparte aurait calmées en posant fréquemment sa main sur son ventre.
Bien que l'état de santé de l'Empereur laissât, en effet, à désirer, ce n'était pas pour des raisons médicales qu'il avait la main dans

son gilet : en réalité, cette pose, prise d'ailleurs par de nombreuses célébrités sur leurs portraits, était le signe de reconnaissance et de communication des francs-maçons, la main cachée évoquant le « dieu caché ».

FAUX !

LE CHOCOLAT PROVOQUE LA MIGRAINE

Les ennemis du chocolat, et il y en a, prétendent que celui-ci provoque des crises de migraine : tout ça parce que le chocolat contient de la tyramine et de la phényléthylamine, deux substances susceptibles de déclencher des migraines.
Mais il faudrait que le chocolat contienne ces deux substances en beaucoup plus grande quantité pour qu'elles déclenchent des crises de migraine.
Les migraineux, comme les autres, peuvent continuer à manger tranquillement du chocolat, il ne leur arrivera rien de grave.

LES RIVERAINS D'AÉROPORTS INTERNATIONAUX PEUVENT CONTRACTER LE PALUDISME

VRAI !

Habiter à proximité d'un aéroport n'est pas une partie de plaisir : pollution et nuisances sonores sont le lot quotidien des riverains. Ces mêmes riverains d'aéroports internationaux peuvent contracter le paludisme, appelé dans ce cas par les autorités sanitaires « paludisme d'aéroport ». Cette étrange maladie, assez peu fréquente heureusement, se propage par un moustique contaminé ayant réussi à survivre à l'épreuve du voyage en avion et du choc climatique.

Les bagagistes ou personnels d'aéroport, les personnels navigants sont également exposés aux piqûres de l'anophèle, pendant le trajet aérien ou lors de la manipulation des bagages à l'arrivée de l'avion.

Cette contamination, peu étudiée par les scientifiques, est donc une réalité, mais qui reste marginale : entre 1977 et 1999, 28 cas ont été recensés seulement à proximité des aéroports internationaux en France.

LE COCA-COLA A ÉTÉ UTILISÉ COMME MOYEN DE CONTRACEPTION DANS LES ANNÉES 1950 AUX ÉTATS-UNIS

VRAI !

Le Coca-Cola fait l'objet d'utilisations alternatives plus ou moins surprenantes, comme l'élimination des taches de rouille sur des outils. À l'origine, la boisson gazeuse était une boisson médicinale, dont son créateur disait qu'elle était à même de soulager les maux de tête, de venir à bout de l'impuissance ou même de la neurasthénie, ou encore de soigner certains troubles gastriques.

Dans les années 1950 et pendant de nombreuses années, le Coca-Cola fit l'objet d'une autre utilisation, encore plus étonnante, puisqu'on lui prêtait des vertus spermicides, du fait de sa grande acidité.

De nombreuses jeunes femmes pratiquaient donc la douche vaginale au Coca-Cola.

Non seulement le soda est très faiblement spermicide et n'est donc pas un contraceptif

efficace, mais en plus, ses effets sur la flore vaginale, milieu particulièrement sensible, n'ont jamais été étudiés.
Mieux vaut se contenter de le boire, ou à défaut, s'en servir pour nettoyer sa voiture ! Et pour la contraception, utiliser un moyen contraceptif classique !

FAUX !

NOTRE CORPS EXPULSE EN SEPT ANS UN CHEWING-GUM AVALÉ

Combien d'enfants inconscients ont avalé leur chewing-gum dans la cour de récré ? Beaucoup ! Et combien d'enfants ont eu la peur de leur vie après avoir avalé leur chewing-gum, redoutant que celui-ci reste collé dans leur estomac pendant au moins sept ans, voire dix ans ? Ou plus encore ! Cela paraît difficile, il y a au moins autant d'enfants qui ont eu peur que d'enfants qui en ont avalé.
Pourtant, c'est totalement faux : la gomme avalée ne sera certes pas digérée, mais

sera tout simplement éliminée au bout de quelques jours.
En clair, si avaler son chewing-gum n'est pas agréable, ce n'est en tout cas pas foncièrement dangereux, à moins d'en avaler une douzaine d'affilée, ce qui peut provoquer une occlusion intestinale, sans danger si elle est correctement soignée.

VRAI !

LE CŒUR DES CREVETTES EST SITUÉ DANS LEUR TÊTE, PRÈS DE LEUR CERVEAU

Certains ont un portefeuille à la place du cœur. Dans le cas des crevettes, celles-ci ont leur cœur juste à proximité de leur cerveau.
En effet, l'analyse anatomique d'une crevette révèle que l'encéphale, région principale du système nerveux, qui contient notamment le cerveau, est situé entre les yeux et le cœur.

Cela signifie en outre que le cœur est non seulement situé dans la tête des crevettes, mais qu'il est également en position dorsale.

VRAI !

REGARDER LE SOLEIL PENDANT UNE ÉCLIPSE PEUT RENDRE AVEUGLE

On aurait tort d'imaginer que le soleil, pendant une éclipse, peut s'observer sans protection adaptée, ou avec de simples lunettes de soleil.
Pendant les phases partielles d'une éclipse, et quand bien même le soleil jouerait à cache-cache avec les nuages, il est hors de question de déroger aux règles basiques de sécurité : la luminosité et le rayonnement solaires peuvent provoquer des lésions et brûlures irrémédiables de la rétine, qui peuvent en cas d'observation prolongée, ce qu'on peut avoir tendance à faire en

observant une éclipse, conduire à la cécité. Il faut savoir que les cellules détruites ne se régénéreront jamais.
Pour observer une éclipse à l'œil nu et sans courir le moindre risque, le mieux est de se munir de filtres spécifiques, comme un verre de soudeur ou des lunettes spécialement conçues pour regarder les éclipses.

VRAI !

UNE DENT TOMBÉE PEUT ÊTRE RÉIMPLANTÉE

Perdre une dent lors d'une chute ou d'un choc est un événement grave et impressionnant. Mais il est possible de remédier à cette situation, à condition d'agir vite.
Il est indispensable que la dent ait été éjectée hors de la bouche et n'ait subi aucune fracture, ni aucun dommage majeur. Pour que la réimplantation soit possible, elle doit être effectuée dans l'heure suivant

l'accident : elle a ainsi de bonnes chances de rester en position.
La dent doit être réimplantée dans sa position d'origine, de façon à ne pas bouger lorsque la personne concernée serre les dents. Âmes sensibles s'abstenir !
Avant de réimplanter la dent, on aura pris soin de la nettoyer, de la débarrasser du sang et d'autres petites saletés ou caillots.
En cas d'échec, s'il reste encore un peu de temps, se précipiter (sans tomber !) chez le dentiste !

LA TÊTE DANS LES ÉTOILES

LE SOLEIL SE LÈVE À L'EST

FAUX !

Qui n'a pas appris à l'école que le Soleil se lève à l'est et qu'il se couche à l'ouest ? Puisque les leçons ont été apprises sur le bout des doigts, il ne fait aucun doute que le Soleil se lève à l'est, pile-poil.
En réalité, les levers de soleil dans la direction exacte de l'est géographique ne se produisent que deux fois par an, aux équinoxes de printemps et d'automne ; pendant les 363 autres jours de l'année (ou 364 si celle-ci est bissextile), le soleil se lève vers l'est, et ce avec un décalage parfois assez important sous nos latitudes.
Cela est étroitement lié à l'inclinaison de la Terre sur l'axe des pôles, d'ailleurs à l'origine des saisons.

DANS LA STATION SPATIALE ISS, L'EAU POTABLE EST ISSUE DU RECYCLAGE DE L'URINE

VRAI !

Pendant plusieurs années, l'alimentation en eau potable de la station spatiale internationale (ISS) était assurée par l'intermédiaire de réserves emportées depuis la Terre.
Depuis 2008, un système de recyclage de l'urine des astronautes permet de leur fournir l'eau potable. Ce dispositif, qui a coûté pas moins de 250 millions de dollars, permet de produire chaque jour 23 litres d'eau potable, à partir de l'urine des astronautes de la station.
Il paraît que l'eau ainsi obtenue a un goût tout à fait acceptable.
Ce système permet également de doubler les capacités d'accueil de la station spatiale.

FAUX !

L'INTENSITÉ DES TREMBLEMENTS DE TERRE EST MESURÉE PAR L'ÉCHELLE DE RICHTER

Les tremblements de terre peuvent provoquer de très graves dégâts et faire de nombreuses victimes selon leur force. D'ailleurs, l'intensité de ces séismes est mesurée sur une échelle qui donne une estimation des dommages provoqués ; contrairement à une idée très répandue, ce n'est pas l'échelle de Richter qui mesure l'intensité des tremblements de terre, mais l'échelle de Mercalli.
L'échelle de Mercalli, ou plus exactement « l'échelle de Mercalli modifiée », décrit l'ensemble des effets d'un tremblement de terre sur les êtres humains, les constructions et la nature (topographie, animaux, usines, immeubles, etc.).
Cette « échelle de Mercalli modifiée » comporte 12 niveaux, le premier qualifiant un séisme très léger, quasiment pas ressenti, et le douzième qualifiant un séisme

particulièrement intense, responsable de destructions et de perturbations massives. Quant à l'échelle de Richter, elle mesure la magnitude d'un séisme, c'est-à-dire l'énergie dégagée à l'épicentre de celui-ci. La magnitude d'un tremblement de terre peut être élevée et provoquer peu de dégâts. Elle peut aussi être faible, mais responsable de milliers de victimes.

VRAI !

IL Y A SUR LA LUNE UNE PETITE ŒUVRE D'ART

La Lune n'a pas qu'une face cachée : elle recèle un autre secret, puisqu'on peut y trouver une œuvre d'art.
Il s'agit d'une petite sculpture, appelée *Fallen Astronaut*, « l'Astronaute tombé ». Ses dimensions sont très modestes, puisqu'elle mesure 3 pouces environ, soit moins de 9 centimètres.
Réalisée en aluminium par le sculpteur belge Paul Van Hoeydonck, la petite sculpture a

été déposée par l'équipage de la mission Apollo 15, le 1er août 1971 : il s'agit d'un hommage aux spationautes morts pendant la conquête spatiale.
Pour trouver la sculpture, après alunissage, se rendre directement sur le mont Hadley : l'œuvre en aluminium repose juste à côté d'une plaque commémorative portant les noms de huit astronautes américains et de six cosmonautes soviétiques.

ON PEUT ASSISTER À DES LEVERS DE TERRE DEPUIS LA LUNE

FAUX !

Tout le monde a forcément vu cette magnifique photographie montrant une demi-Terre bleutée sur fond noir, au-dessus de la Lune ; cette photographie fut présentée comme un « lever de Terre », immortalisé depuis la Lune. Elle donna une dimension

supplémentaire, pleine de poésie, à la conquête spatiale. Du coup, nombreux sont ceux qui croient à cette possibilité de « levers de Terre » auxquels on peut probablement assister depuis la Lune.
Le souci est que la Terre ne se lève pas sur la Lune, comme le fait le Soleil sur la Terre. Tout simplement parce qu'on voit toujours la même moitié de Terre depuis la Lune. Plus exactement, lorsqu'on est à peu près au centre du disque lunaire, on peut voir, n'importe quand, la Terre au zénith.
Encore un sacré mythe qui s'effondre, d'autant que cette photographie n'a pas été prise depuis la Lune, mais depuis la capsule en orbite de la mission Apollo 8.
Plus récemment, une sonde japonaise en orbite autour de la Lune a réalisé d'extraordinaires vidéos en haute résolution montrant la Terre s'élevant au-dessus de l'horizon lunaire. Là encore, ces vidéos ont été prises d'une sonde qui survolait la Lune à 100 kilomètres d'altitude.

ON NE BRONZE PAS DERRIÈRE UNE VITRE

FAUX !

Attention ! « On ne bronze pas derrière une vitre » fait partie de ces assertions fausses auxquelles on croit pourtant dur comme fer. Derrière une vitre, tout peut arriver : le bronzage, comme le coup de soleil. Le verre a l'avantage de laisser passer la lumière bien sûr, ainsi que les infrarouges. Et contrairement à une idée extrêmement répandue, le verre ne filtre pas la totalité des rayons ultraviolets.
Ce sont les rayons ultraviolets qui sont responsables du bronzage, voire des coups de soleil ; et les vitres ne parviennent pas à les bloquer entièrement, elles en laissent passer une fraction qui peut faire que l'on bronze ou que l'on brûle si l'on a la peau fragile et si l'on reste trop longtemps exposé.

LE MÂT DE L'EMPIRE STATE BUILDING ÉTAIT DESTINÉ À SERVIR DE POINT D'AMARRAGE AUX DIRIGEABLES

VRAI !

Le sommet de l'Empire State Building à New York inauguré en mai 1931 est aujourd'hui pourvu d'une antenne relais pour la télévision et la radio.
Le mât du fameux gratte-ciel n'était pas destiné à accueillir une antenne, mais à amarrer les ballons dirigeables. Le mât, en forme de « T », aurait dû permettre aux fameux gros ballons de s'accrocher : d'ailleurs, un ascenseur avait même été prévu entre le 86e et le 102e étage, pour le transfert des passagers à l'embarquement et au débarquement.
Ce projet futuriste ne tint cependant pas la route longtemps et fut remisé au rayon des

mauvaises idées, à oublier rapidement : quelques tests furent effectués, et les courants d'air ascendants rendaient dangereux tout ancrage.
Le mât fut malgré tout laissé en place et utilisé à partir de 1952 comme antenne relais.

LORSQU'ON SE TROUVE DANS L'ŒIL DU CYCLONE, ON N'EST PAS EMPORTÉ

FAUX !

L'œil du cyclone désigne la zone généralement centrale d'un cyclone tropical, zone au sein de laquelle les vents sont nettement moins violents et le temps nettement plus clément. On pense souvent qu'il vaut mieux être dans l'œil du cyclone que dans le cyclone ou à sa périphérie. Le fait que le temps y soit plus clément laisse en effet imaginer que

l'on ne sera pas emporté et que l'on s'en sortira mieux.
En fait, les conditions météorologiques plus « favorables » de l'œil cyclonique sont particulièrement trompeuses. C'est surtout en mer que l'œil du cyclone est extrêmement dangereux. La menace vient de vagues très hautes et de très grande amplitude, qui se créent depuis le mur de l'œil, où soufflent les vents violents, et pénètrent dans l'œil. Comme les vagues proviennent de toutes les directions, puisque créées dans le mur de l'œil, elles se rencontrent, ce qui provoque des crêtes gigantesques. Ces énormes vagues peuvent submerger un bateau.
Le calme apparent de l'œil du cyclone ne met donc pas à l'abri du danger, les marins en savent quelque chose.

EN VOL, LE FUSELAGE DU CONCORDE S'ALLONGEAIT D'UNE VINGTAINE DE CENTIMÈTRES

VRAI !

Le supersonique *Concorde* était un aéronef hors du commun, dont la France était particulièrement fière, peut-être encore plus que du paquebot *France.*
Depuis le tragique accident de Gonesse en juillet 2000, le *Concorde* ne vole plus, et fait donc partie des mythes, des légendes, remisé au rayon des stars déchues.
L'avion supersonique, dont la construction coûta incroyablement cher, fut également un échec commercial, et fit un four technologique.
Le *Concorde* disposait d'une étonnante particularité, puisque son fuselage pouvait s'allonger en vol, jusqu'à 25 centimètres.
Cette expansion du métal avait lieu du fait du très important réchauffement de la carlingue, généré par les frottements de l'air.
Il paraît même que ce phénomène était visible depuis le cockpit.

LA PLEINE LUNE PROVOQUE DES INSOMNIES ET DES TROUBLES DU SOMMEIL

FAUX !

La Lune, surtout quand elle est pleine, est source de fantasmes et de croyances. On l'accuse d'être à l'origine de nombreux méfaits comme, la multiplication des accouchements, l'affluence des patients dans les services d'urgences psychiatriques, l'augmentation des faits de délinquance, des actes violents ou encore les insomnies et les troubles du sommeil.

On ne sait pas trop comment cette croyance a pu naître, mais elle semble avoir encore de beaux jours devant elle, alors qu'elle est pourtant dénuée de tout fondement scientifique. À ce jour, aucune étude sérieuse sur l'insomnie et les troubles du sommeil n'a pu établir de lien entre ceux-ci et la pleine lune, et pour cause : aucune étude de ce genre n'a été menée.

Il n'est pas impossible que le facteur psychologique entre en ligne de compte, un peu comme l'anticipation des effets de la caféine sur l'organisme, et que les personnes les plus vulnérables ou les plus fragiles soient angoissées par le simple fait de savoir que c'est la pleine lune et qu'elles ne vont pas bien ou pas du tout dormir.

L'argumentation utilisée par les tenants de cette – fausse – affirmation repose sur l'influence qu'exercerait la Lune sur la Terre du fait de la masse ou de la force de gravitation ; le problème est que l'influence de la masse de la Terre est nettement supérieure à celle de la Lune, au point d'ailleurs de l'annuler. Et ce n'est pas parce qu'il y a des marées, dans lesquelles la Lune joue un rôle certain, que les individus réagissent aussi aux cycles lunaires.

De plus, il est absurde d'imaginer que la Lune est plus néfaste quand elle est pleine que lorsqu'elle n'est que partiellement visible ; en quoi l'éclairage de la Lune par le Soleil serait-il partie prenante dans le comportement humain ?

Il s'agit d'un cas typique de « biais de confirmation d'hypothèse », grâce auquel on peut donner une réponse simple à une question très complexe, en éludant ou en réinterprétant totalement les arguments contraires à une croyance préexistante.

FAUX !

IL N'Y A PAS DE GRAVITÉ DANS L'ESPACE

Les astronautes, spationautes, cosmonautes ou encore taïkonautes ont un point commun : ils flottent dans l'espace.
Le seul fait de les voir ainsi flotter laisse à penser que la gravité dans l'espace est nulle. Mais il ne faut pas confondre apesanteur et absence de gravité.
La gravité n'est jamais nulle, y compris dans l'espace : elle est liée à la distance entre la Terre et un objet ou une personne. La gravité, ou force de gravitation, est inversement proportionnelle au carré de la distance entre la Terre et le spationaute ou sa fusée ; elle est donc extrêmement faible lorsque les astronautes sont en mission spatiale, mais pas nulle malgré tout.
En y regardant de plus près – ce qu'on ne peut pas vraiment faire dans ce cas –, les astronautes ne flottent pas vraiment ; ils sont en état d'apesanteur, c'est-à-dire en chute libre en direction de la Terre, qui les attire.

LES AVIONS SONT CONÇUS POUR RÉSISTER AUX COLLISIONS AVEC LES OISEAUX

VRAI !

Les oiseaux peuvent être à l'origine de dramatiques accidents d'avion. Ils sont à cet égard la hantise de nombreux pilotes de ligne, qui redoutent de les croiser sur leur route aérienne.
Cependant, il faut savoir que les avions sont conçus pour résister aux collisions avec les oiseaux, du moins le fuselage ainsi que les vitres des hublots et du cockpit.
Les réacteurs ne sont toutefois pas protégés contre les volatiles : les accidents causés par les oiseaux entrant en collision avec les réacteurs sont encore nombreux, mais pour l'instant, malheureusement, techniquement impossibles à éviter.

GARE AU GORILLE

LES ONGLES ET LES CHEVEUX POUSSENT APRÈS LA MORT

FAUX !

Encore une idée reçue à oublier vite fait bien fait !
Ni les ongles ni les cheveux, ni rien du tout d'ailleurs ne pousse après la mort.
Dès que la circulation sanguine est interrompue, au moment du décès, les cellules cessent d'être approvisionnées en oxygène : or, le sang et l'oxygène sont indispensables aux follicules qui fabriquent les cheveux et les ongles. La mort interrompt ainsi les processus de fabrication des cheveux, des ongles et des poils.
L'idée que les ongles et les cheveux poursuivent leur croissance *post mortem* vient sans doute du fait que cheveux et ongles ne se dégradent pas aussi rapidement que la peau, qui se déshydrate et se ratatine, ce qui donne l'impression qu'ils sont plus volumineux et qu'ils ont pu continuer à pousser.

CERTAINS ANIMAUX SONT DROITIERS OU GAUCHERS

VRAI !

Cela paraît curieux d'imaginer que certains animaux utilisent de préférence leur membre droit ou gauche pour accomplir telle ou telle action. La latéralisation n'est donc pas l'apanage de l'espèce humaine. D'ailleurs, elle n'est pas réservée à une espèce, mais à des individus, qu'ils soient mammifères, oiseaux, amphibiens, reptiles, etc.
Selon la tâche à effectuer, il a été observé que certains animaux utilisent toujours la même patte. Un chien donnera à son maître toujours la même patte, par exemple.
Et mieux encore, il a été observé que certains animaux sont ambidextres : ce qui se manifeste alors par une utilisation du membre droit ou gauche liée au type de tâche à accomplir.
C'est le cas de certains chimpanzés qui réalisent les activités requérant de la précision avec une main, et les activités nécessitant de la force avec l'autre main.

LES CHEVEUX PEUVENT BLANCHIR EN UNE NUIT

FAUX !

Il paraît que la chevelure de la reine Marie-Antoinette d'Autriche, reine de France, a entièrement blanchi pendant la nuit qui a précédé son exécution, le 16 octobre 1793. Cela est même devenu un syndrome, appelé « canitie subite » ou « syndrome de Marie-Antoinette ».
Sous l'effet d'un choc ou d'une épreuve psychologique, les cheveux pourraient blanchir en une nuit seulement.
En réalité, le blanchissement des cheveux ne peut avoir lieu pendant un laps de temps aussi court, sauf pour les personnes aux cheveux poivre et sel souffrant de certaines pathologies.
Le blanchissement peut malgré tout être rapide, en cas de chute des cheveux encore pigmentés, sous l'effet d'un choc psychologique ou d'une très vive émotion : seuls les cheveux blancs, plus résistants que les cheveux pigmentés, restent alors en place, ce qui donne, en effet, l'impression que l'on a blanchi d'un coup.

VRAI !

LA COULEUR DU PELAGE DU CHAT SIAMOIS DÉPEND DU CLIMAT DANS LEQUEL IL GRANDIT

Généralement, la couleur des pelages des chats dépend uniquement de celle de leurs parents, ce qui, dans le cas de certains chats de gouttière, donne parfois lieu à d'étranges taches ou zébrures, de couleurs différentes.
Ce n'est pas le cas des chats siamois, dont la couleur du pelage se modifie en fonction du climat dans lequel ils vivent.
À la naissance, en principe, le chaton siamois est tout blanc, un peu comme les petits chiots dalmatiens qui naissent exempts de taches noires !
Les pigments foncés vont faire leur apparition au fur et à mesure de sa croissance, sur ses extrémités (pointe des oreilles, museau, bout de la queue), et son pelage foncera s'il vit dans un milieu particulièrement froid. C'est une mutation génétique

qui est à l'origine de ce phénomène : le colorant brun de leur pelage, la mélanine, ne se forme qu'en dessous d'une certaine température ambiante. D'ailleurs, en vieillissant, la température corporelle des petits félins baissant, leur robe devient très sombre, voire noire.
Seuls les chats siamois ayant l'occasion de se faire longuement dorer la pilule au soleil garderont une robe plus claire.

FAUX !

LES FEMMES N'ONT PAS DE POMME D'ADAM

La pomme d'Adam fait indéniablement partie des attributs masculins. Et puis, après tout, c'est bien Adam qui a commis l'irréparable en croquant le fruit défendu (devenu une pomme après les traductions latines de la Bible), et celui-ci lui est resté définitivement en travers de la gorge !

Faut-il malgré tout en déduire que les femmes n'ont pas de pomme d'Adam ? Ce serait commettre une erreur, car les femmes ont bel et bien une pomme d'Adam.
La pomme d'Adam, dont le vrai nom est cartilage thyroïde, est l'un des onze morceaux de cartilage qui composent le larynx : elle joue à cet égard un rôle essentiel dans notre corps puisqu'elle protège la glande thyroïde, ainsi que les cordes vocales. Autant dire que sans pomme d'Adam on aurait quelques soucis de santé !
La pomme d'Adam a la forme d'un livre ouvert, avec la tranche située sur l'avant du larynx ; chez les hommes, pendant la puberté, sous l'effet des sécrétions de testostérone, le livre se referme et son angle devient plus saillant, passant de 120 ° à 90 ° environ. D'où cette protubérance, nettement plus visible chez les hommes et quasiment invisible, mais tout de même palpable, chez les femmes.

LA GIRAFE ACCOUCHE DEBOUT

VRAI !

La girafe est le plus haut des mammifères terrestres, puisqu'elle peut dépasser les 5 mètres. Son long cou lui permet d'aller chercher sa nourriture bien plus haut que les autres herbivores de la savane, comme le rhinocéros ou l'éléphant, avec lesquels elle entretient des relations parfaitement pacifiques.

Ce gracieux et paisible ruminant qui fait aujourd'hui partie des espèces animales menacées d'extinction a la particularité d'accoucher debout.

C'est ainsi que la femelle, après une gestation longue de 475 jours, donne naissance à un petit qui pèse généralement dans les 100 kilogrammes : pour accoucher, la girafe reste debout, et écarte ses pattes arrière : son girafon, ou girafeau, chute alors d'environ 2 mètres ! Il doit se retourner pendant sa chute, presque à la manière des chats, pour ne pas choir sur la tête.

LES CHEVEUX ET LES POILS POUSSENT INDÉFINIMENT

FAUX !

Que se passerait-il si on ne coupait pas nos cheveux, si on ne se rasait pas, si on ne s'épilait pas du tout pendant un certain temps ? On serait très vite hirsute, vraisemblablement. Mais, contrairement à l'idée couramment admise, les poils et les cheveux ne poussent pas indéfiniment. Poils et cheveux ont une vie rythmée par trois cycles successifs : la croissance, appelée phase anagène ; la stagnation ou phase catagène ; et la mort ou phase télogène.
La durée moyenne de la phase anagène est de trois ans pour les cheveux et trois semaines pour les poils. Au bout de trois ans pour un cheveu, de trois semaines pour un poil, celui-ci finit par mourir de sa belle mort et par tomber, remplacé immédiatement par un jeune cheveu ou jeune poil en pleine phase anagène. Et ainsi de suite…

FRANKENSTEIN ÉTAIT UN MONSTRE HIDEUX

FAUX !

Frankenstein n'est pas le nom du monstre hideux, mais celui de son créateur, Victor Frankenstein, docteur suisse. Dans le célèbre roman de Mary Shelley, *Frankenstein ou le Prométhée moderne* (*Frankenstein or The Modern Prometheus*) publié en 1818, la créature issue des manipulations du docteur Frankenstein est appelée « le monstre », « le démon » ou plus prosaïquement « la créature ».
Ce sont les adaptations cinématographiques du roman qui ont désigné Frankenstein comme le monstre hideux immortalisé par Boris Karloff, au détriment de son géniteur.

LA PANTHÈRE ET LE LÉOPARD DÉSIGNENT LE MÊME ANIMAL

VRAI !

Qui pourrait imaginer que la panthère et le léopard ne font qu'un seul et même animal ? Et pourtant, le léopard, *Panthera pardus*, est aussi appelé « panthère », probablement du fait de son nom latin.
Ce magnifique félin possède un pelage tacheté de noir. Les panthères noires, qui sont donc des léopards noirs, sont quant à elles atteintes d'une anomalie génétique entraînant une surproduction de mélanine, qui couvre les taches noires.

FAUX !

L'HOMME A PLUS DE POILS QUE LA FEMME

Le poil, comme la pomme d'Adam, est indéfectiblement associé au mâle. Il lui colle à la peau. Qui dit poil dit homme, virilité et, tant qu'à faire… en plus grande quantité que chez la femme.
Mais tout ceci n'est qu'illusion : l'homme n'a pas plus de poils que la femme. Il n'en a pas moins non plus : l'homme et la femme en ont autant ! Ceux qui ont un peu de temps à perdre peuvent vérifier : le nombre de poils des hommes et des femmes est identique.
L'homme a l'air d'être plus poilu que la femme, du moins que certaines femmes, car sous l'action de la testostérone, les poils masculins sont plus développés et vigoureux.
Généralement, les poils sont moins visibles chez la femme et restent à l'état de duvet, plus fins et moins pigmentés.

LE CHOCOLAT EST TOXIQUE POUR LES CHIENS

VRAI !

Les chiens n'ont pas la chance de pouvoir manger quand bon leur semble du chocolat. Ils perdent quelque chose, assurément. Il ne faut surtout pas leur donner de chocolat, même s'ils en réclament en prenant leur petit air malheureux et en penchant la tête.
Le chocolat est toxique pour les chiens, car il contient de la théobromine, substance que leur organisme est incapable de métaboliser. Le degré de toxicité du chocolat pour le chien varie selon la taille et le poids de l'animal, et selon la quantité ingérée.
Les gros chiens peuvent se permettre de manger un peu de chocolat, sans réel danger, en sachant que le chocolat noir contient plus de théobromine que le chocolat au lait ou le chocolat blanc. Les petits chiens ont intérêt à refréner leurs ardeurs.
En cas de faible intoxication, le chien aura des irritations gastriques et des problèmes de digestion, voire des vomissements ou

de la diarrhée. Si la quantité de chocolat consommée est plus importante, le chien peut être pris de tremblements, de convulsions, de troubles du rythme cardiaque, d'hémorragie interne, ou même d'une crise cardiaque, qui peut lui être fatale.
En tout état de cause, dès les premiers signes d'intoxication, il faut faire vite !

VRAI !

LES LAPINS BOUQUINENT

Un lapin qui bouquine, c'est quoi au juste ?
Un lapin qui lit, pardi !
Non, les lapins ne lisent pas, même les plus cultivés ou les mieux éduqués. En revanche, on dit qu'ils « bouquinent ».
Chez les lapins, « bouquiner » signifie « s'accoupler ». Le mot « bouquiner » est dans ce cas issu de l'expression « avoir des mœurs de bouc » : il n'a évidemment rien à voir avec les livres ni la lecture.

LES POILS DE L'OURS BLANC SONT TRANSLUCIDES

VRAI !

L'ours polaire, ou ours blanc, se caractérise par une somptueuse fourrure, en parfaite harmonie avec la banquise, ou ce qu'il en reste avec le réchauffement climatique.
L'ours blanc est le plus grand mammifère terrestre presque exclusivement carnivore, à la différence des autres membres de la famille des ursidés qui sont plutôt omnivores.
Un ours polaire mâle peut peser jusqu'à 730 kilogrammes.
L'ours blanc n'est bien entendu pas totalement blanc, puisque certaines parties de son corps tirent sur le noir : son museau, ses yeux, ses lèvres, ses coussinets, et, plus surprenant, sa peau.
Mais les poils de l'ours polaire ne sont pas blancs ! Ils sont en réalité incolores, translucides.
Cette épaisse fourrure de 10 à 15 centimètres qui recouvre sa peau noire permet à l'ours de résister aux températures polaires de l'air et de l'eau… et lui donne même chaud en deça de 10 °C.

HISTOIRES D'EAUX

POUR CONSTRUIRE LA PREMIÈRE LIGNE DE MÉTRO TRAVERSANT LA SEINE, IL A FALLU CONGELER LES TERRAINS TROP MEUBLES

VRAI !

La construction du métro parisien a nécessité de longs mois de chantier. La première ligne à franchir la Seine fut la ligne n° 4, connue aujourd'hui comme étant la ligne « Porte d'Orléans-Clignancourt ».
Initialement, le franchissement de la Seine prévu pour la ligne 1 devait passer entre le Musée du Louvre et l'Académie française, mais devant les protestations des immortels, le tracé fut modifié, pour traverser la Seine depuis la place du Châtelet, en passant non loin du pont au Change, puis sous le marché aux Fleurs et enfin, en amont du pont Saint-Michel.

Les travaux, après sélection du prestataire par concours, débutèrent en 1905.
Pour réaliser les souterrains, des caissons préfabriqués furent enfoncés dans le lit de la Seine.
Cependant l'une des galeries, longue de 15 mètres environ, posa un problème, le terrain étant beaucoup trop meuble. Pour contourner la difficulté, les terrains furent congelés, au moyen de tubes enfoncés dans le sol : on fit circuler dans ces tubes de la saumure à moins 24 °C, ce qui permit au terrain de durcir en près d'un mois et demi.
Cette partie du chantier prit dix mois pour sa réalisation, pour seulement 15 mètres de tunnel !

FAUX !

LES BALEINES CRACHENT DE L'EAU

Pour plonger aussi longtemps (jusqu'à trente minutes) et aussi profondément (le record de profondeur enregistré est de 206 mètres), les baleines doivent préalablement prendre une énorme goulée d'air par leur évent.

De retour à la surface de l'eau, les baleines expulsent, toujours par leur évent, un jet qui ressemble à s'y méprendre à un jet d'eau. Il s'agit en fait d'un jet d'air mélangé à des gouttelettes d'huile, qui forme de la vapeur en entrant en contact avec l'eau située au-dessus de l'évent.

LA BOSSE DU DROMADAIRE CONTIENT DE L'EAU

FAUX !

La fameuse réserve d'eau du dromadaire située dans sa bosse, pour un peu on y croirait ! Mais la bosse du dromadaire est constituée essentiellement de graisse. Ce n'est pas grâce à sa bosse que le dromadaire peut passer jusqu'à cinq semaines (en saison froide) sans boire en plein désert, mais en raison de son anatomie et de sa physiologie très particulières qui en ont fait un animal parfaitement adapté aux conditions climatiques extrêmes.

Ses narines, fort grosses, ont la propriété de se fermer lorsqu'il y a du vent, ce qui maintient l'humidité dans l'appareil respiratoire. De plus le dromadaire urine peu, et ne transpire quasiment pas. Ses globules rouges ont l'étonnante capacité de tripler de volume lorsqu'il boit, rendant le sang très fluide. Inversement, le sang du dromadaire devient très visqueux dans les périodes où l'animal boit peu ou pas du tout. Le dromadaire est un ruminant, comme la vache : il est donc pourvu de plusieurs estomacs dans lesquels il peut stocker jusqu'à 130 litres d'eau. Enfin, et bien qu'il fasse partie des animaux à sang chaud, le dromadaire peut faire varier sa température corporelle entre 34 °C et 42 °C, selon la température extérieure, pour lutter contre les déperditions d'eau.

BOIRE DE L'EAU DE MER AUGMENTE LA SOIF

VRAI !

Alain Bombard est un célèbre biologiste, connu pour avoir traversé l'océan Atlantique seul, à bord d'un Zodiac, sans emporter de moyens de subsistance et en s'équipant du minimum nécessaire, à savoir un sextant, quelques livres et un filet à plancton.
Il avait prévu pour sa traversée de s'hydrater en récupérant l'eau de pluie, en absorbant du jus de poisson et en buvant de l'eau de mer.
C'est cette expérience, diversement appréciée du monde océanographique, qui a conduit à populariser le fait que l'on pouvait, à défaut d'autre chose, boire de l'eau de mer pour apaiser sa soif.
Cependant, durant les 113 jours de traversée, le scientifique fut essentiellement amené à boire de l'eau de pluie, ne buvant de l'eau de mer qu'en complément et pour vérifier que cela était malgré tout possible.

En réalité, boire de l'eau de mer peut permettre dans une certaine mesure de conserver ses facultés vitales, mais finit par augmenter considérablement la soif.
Il est alors indispensable de boire l'eau de mer avant d'avoir vraiment soif, en quantité modérée et par petites prises, pendant une semaine maximum et toujours en complément d'autres formes d'hydratation (eau de pluie, rosée, poisson).
C'est bien sûr le sel contenu dans l'eau de mer qui est à l'origine de ce phénomène : la salinité globale du corps augmente de même que la pression osmotique, qui va aspirer l'eau des cellules à l'extérieur de celles-ci, qui se videront partiellement. Dès que l'espace intercellulaire se déshydrate, on se met à avoir soif.

LE POISSON ROUGE A UNE MÉMOIRE DE QUELQUES SECONDES

FAUX !

Le petit poisson rouge qui tourne en rond dans son bocal, tout le monde le prend pour un demeuré au point qu'on lui attribue une capacité de mémoire limitée à seulement quelques secondes.
Non seulement ce n'est pas très flatteur, mais, en plus, c'est faux : des chercheurs ont mené des expériences qui ont prouvé que les poissons rouges possèdent de bonnes capacités d'apprentissage et de mémoire.
Leur mémoire n'est certes pas phénoménale, mais elle peut aller jusqu'à trois mois voire plus.
Tout le monde ne peut pas en dire autant !

CERTAINS LÉZARDS MARCHENT SUR L'EAU

VRAI !

Marcher sur l'eau est une disposition naturelle de Jésus-Christ ou de certains insectes. Depuis longtemps, l'homme rêve d'avoir cette faculté, et pour prendre son mal en patience, il s'entraîne à faire des ricochets ou s'adonne compulsivement au ski nautique. Pourtant, certains lézards sont capables de marcher sur l'eau : il s'agit des lézards basilics, *Basilicus plumifrons*, appelés aussi « basilics à plumes » ou encore, presque logiquement, « lézards Jésus-Christ ». Ces lézards bien particuliers vivent en Amérique latine, à proximité des points d'eau, en zone tropicale.

Ces petits lézards qui semblent accomplir un miracle parviennent à courir à la surface de l'eau à une vitesse de l'ordre de 10 kilomètres/heure.

Le lézard basilic, lorsqu'il marche sur l'eau, se met sur ses pattes arrière. Il conserve

cette capacité même en prenant du poids : les bébés et les adultes qui pèsent pourtant parfois plus de 200 grammes peuvent se déplacer à la surface de l'eau.
Le lézard arrive à rester à la surface de l'eau du fait de sa faible masse corporelle, de la largeur de la surface de contact avec l'eau.

FAUX ! L'EAU BOUT TOUJOURS À 100 °C

S'il est un principe qui paraît clairement établi et intangible, c'est que la température d'ébullition de l'eau est 100 °C, tout le temps, où que l'on soit et quoi qu'il arrive. En réalité, ce n'est pas aussi simple, car la température d'ébullition de l'eau dépend justement de l'endroit où l'on se trouve et varie en fonction des conditions locales de pression atmosphérique. Ceci est également valable pour les autres liquides.

En physique, il existe une loi, appelée loi de Clapeyron, qui établit le lien entre la pression et la température d'ébullition de l'eau : à chaque point de pression atmosphérique est ainsi associé un point de température d'ébullition.
C'est uniquement lorsque la pression atmosphérique est normale que l'eau bout précisément à 100 °C ; plus la pression augmente et plus la température d'ébullition de l'eau est élevée ; à l'inverse, plus la pression atmosphérique est basse et plus la température d'ébullition diminue.
Cela signifie que si l'on veut se faire cuire des pâtes au sommet d'une montagne comme le mont Blanc, il faut attendre que l'eau atteigne une température de 85 °C.

LES CHUTES DU NIAGARA PEUVENT GELER

VRAI !

Les chutes du Niagara sont situées à la frontière entre les États-Unis et le Canada. Le côté américain abrite deux chutes : « les Chutes américaines », *American Falls,* longues de 323 mètres, et « le Voile de la mariée » ou *Bridal Veil Falls,* longues de 17 mètres, tandis que du côté canadien on trouve l'immense et très spectaculaire chute du « Fer à cheval » ou *Horseshoe Falls,* longue de 792 mètres.

Ces chutes, qui font environ 50 mètres de haut, ont un débit moyen de 5,5 millions de litres par seconde, ce qui fait beaucoup, beaucoup d'eau… Ces colossales quantités d'eau n'ont pas empêché les chutes du côté américain de geler par grand froid, et ce à plusieurs reprises au cours du XXe siècle.

IL EXISTE UNE MÉDUSE QUI RAJEUNIT

VRAI !

Une méduse, appelée *Turritopsis nutricula*, est dotée de l'incroyable faculté de rajeunir : mettant en œuvre un mécanisme cellulaire appelé « transdifférenciation », cet animal marin est ainsi capable de retrouver sa forme juvénile, même après avoir été sexuellement mature.

C'est à la fois une bonne nouvelle et une mauvaise nouvelle : une bonne nouvelle du point de vue scientifique, pour l'étude de ce genre de phénomène, mais une mauvaise nouvelle car la bestiole, originaire de la mer des Caraïbes, est capable d'envahir les mers et les océans du monde entier, sans limite. Le renouvellement cellulaire permanent de cette méduse entraîne une augmentation inquiétante du nombre de représentants de cette espèce dans les eaux marines du globe. *Turritopsis nutricula* est à ce jour le seul être vivant capable d'inverser son processus de vieillissement. Autant dire qu'il n'a pas fini de fasciner les scientifiques.

IL NE FAUT PAS BOIRE EN MANGEANT

FAUX !

Encore un précepte appliqué par beaucoup de monde ! Boire de l'eau en mangeant ferait grossir et provoquerait des troubles de la digestion : c'est pourquoi la consommation d'eau au cours des repas a mauvaise presse. Il n'y a en réalité aucune preuve médicale ou scientifique qui conforte cette théorie : quoi qu'il arrive, l'estomac adapte sa production de sucs gastriques aux différents types d'aliments ingérés, qu'ils soient solides ou liquides.

Cependant, l'eau ingérée au cours d'un repas augmente la sensation de satiété et ralentit le processus de digestion ; si elle n'est pas recommandée, c'est essentiellement pour les personnes souffrant de troubles de la digestion, à qui l'on conseille de boire avant les repas, pour qu'elles se sentent moins « lourdes ».

Boire au cours des repas ne fait pas non plus grossir ; il s'agit tout simplement d'une idée reçue. D'ailleurs, son pendant « boire

de l'eau en dehors des repas fait maigrir » est tout aussi faux.
Conclusion : lorsqu'on a soif, y compris pendant un repas, il ne faut surtout pas se priver, car l'eau est vitale !

VRAI !

LA LUNE INFLUE SUR LES MARÉES

On aurait tort de penser que la Lune n'a aucun rapport avec les marées.
Il est avéré que l'attraction de la Lune joue sur les marées, et ce bien que cette influence, conjuguée à celle du Soleil, soit nettement moins importante que celle de la gravité terrestre.
La force centrifuge est ainsi supérieure à celle de la force de la gravitation terrestre. Globalement, lorsque la Lune est au-dessus d'un point, cela allège la pesanteur terrestre, et tend à faire monter le niveau de l'eau : c'est la marée haute. Les horaires des marées suivent la Lune, tandis que les coefficients suivent le Soleil et sont d'autant plus élevés

que le Soleil est dans le même secteur que la Lune.
Généralement, les plus forts coefficients de marée sont observés lors des phases de pleine lune ou de nouvelle lune.

FAUX !

L'EAU S'ÉCOULE EN SENS INVERSE DANS LES ÉVIERS ET BAIGNOIRES LORSQU'ON CHANGE D'HÉMISPHÈRE

Lorsqu'on change d'hémisphère, on a hâte de vérifier que l'eau qui s'écoule dans un lavabo, un évier, une baignoire ou des toilettes ne le fait pas dans le même sens que dans l'autre hémisphère. Plus précisément, le tourbillon est réputé tourner dans le sens des aiguilles d'une montre dans l'hémisphère nord, et dans le sens inverse

dans l'hémisphère sud. Ces sens opposés de rotation seraient la conséquence de la force dite « de Coriolis ».
Voilà quelque chose de séduisant, et qui donne envie d'aller faire un tour de l'autre côté de l'équateur… Excepté que c'est totalement faux !
En fait, le sens de rotation de l'eau qui s'écoule n'est pas déterminé par l'hémisphère dans lequel on se trouve, mais par les caractéristiques du récipient dans lequel on fait couler l'eau et la forme et la taille de l'orifice par lequel elle s'écoule. L'influence de la force de Coriolis est beaucoup trop faible, compte tenu des masses d'eau qui sont en jeu, et ne peut déterminer un sens d'écoulement de l'eau dans un lavabo ou même une baignoire.

FAUX !

AU JAPON, L'EAU D'UN MÊME BAIN SERT POUR LAVER TOUTE LA FAMILLE

Vu comme ça – un même bain pour tout le monde –, cela ne donne pas du tout envie. Mais au Japon, le bain est un art traditionnel, qui ne se perd pas, même dans le trépidant Japon contemporain.

Il faut savoir que le bain, contrairement à ce qui se fait en Occident, ne sert pas à se laver, mais à se détendre. Avant de se plonger dans la baignoire, généralement aux bains publics, les *sento*, où les Japonais adorent se rendre, ils se lavent soigneusement.

Autrement dit, lorsqu'on prend un bain au Japon, on est déjà bien propre. Le bain est en effet un lieu de détente où l'on se prélasse, où l'on taille même le bout de gras en famille, voire entre amis dans le cas des bains collectifs. D'où cette utilisation, curieuse vue d'Occident, de la baignoire japonaise, qui n'est pas un lieu où l'on se lave.

L'ANIMAL LE PLUS DANGEREUX D'AFRIQUE POUR L'HOMME EST L'HIPPOPOTAME

VRAI !

L'hippopotame cache bien son jeu : sous ses airs placides et doux, cet imposant herbivore qui aime à folâtrer dans les eaux boueuses des marais et rivières d'Afrique, ne s'en laisse pas conter.
L'hippopotame est amphibie, puisqu'il peut rester plus de dix minutes sous l'eau, et gros, très gros : il peut peser jusqu'à 4 tonnes, et se nourrir d'environ 50 kilogrammes de végétaux par jour.
Ces impressionnantes caractéristiques font oublier qu'il possède une puissante mâchoire, dotée d'incisives mesurant jusqu'à 60 centimètres.

Contrairement à beaucoup d'animaux, l'hippopotame a tendance à charger, et peut atteindre alors une vitesse de 45 kilomètres/heure.
L'hippopotame est l'illustration du principe selon lequel dans certains cas, la meilleure défense reste l'attaque : mieux vaut donc faire preuve de vigilance lorsqu'on approche d'un troupeau d'hippopotames.

IL NE FAUT PAS SE BAIGNER PENDANT LA DIGESTION

FAUX !

Combien d'enfants ont été frustrés par cette interdiction formelle d'aller se baigner juste après le repas, au motif qu'il ne fallait pas se baigner pendant la digestion ? Des générations d'enfants brimés !

Car il semble bien que l'on assimile un peu rapidement l'hydrocution et ses dangers à la conséquence d'une baignade pendant la digestion. Le hic, c'est qu'il peut y avoir hydrocution en dehors des périodes de digestion.

L'hydrocution est la conséquence du contact brutal de l'eau froide, dans laquelle on décide de piquer une tête, avec la peau très chaude : autrement dit, il ne faut surtout pas plonger directement dans l'eau après avoir fait une sieste au soleil (d'ailleurs, suivie ou non d'une baignade, la sieste au soleil n'est pas recommandée non plus).

L'eau fraîche ou froide qui submerge la peau chauffée par le soleil peut provoquer une stimulation cardiaque pouvant être fatale à certaines personnes. Le rythme cardiaque peut alors être perturbé au point de ne plus irriguer suffisamment le cerveau, avec pour conséquence un évanouissement, suivi parfois d'une noyade. Ce n'est donc en aucune manière la digestion qui provoque l'hydrocution ; celle-ci a d'autres causes, directement liées à la différence de température entre le corps et l'eau.

En revanche, le processus de digestion, puisqu'il augmente la température corporelle, peut favoriser le risque d'hydrocution, mais il n'en est pas la cause première.

Et quoi qu'il arrive, il vaut mieux avoir quelque chose dans l'estomac avant de se baigner, sous peine, cette fois-ci, de faire un malaise hypoglycémique dont les conséquences peuvent être plus que fâcheuses.

JONAS FUT AVALÉ PAR UNE BALEINE

FAUX !

Jonas, le protagoniste du Livre de Jonas, est un « petit prophète » par opposition aux « grands prophètes » de la Bible.

Dès que l'on pense à Jonas, on l'associe immédiatement à la baleine, dans le ventre de laquelle il a séjourné pendant trois jours et trois nuits : s'il s'est retrouvé dans cette situation et dans ce lieu pour le moins incongru, c'est parce qu'il a désobéi à Dieu en décidant de fuir Ninive, où Dieu l'avait pourtant envoyé. De Ninive, Jonas rallia Jaffa, où il prit un bateau. Pour le punir de sa désobéissance, Dieu déchaîna les éléments et le bateau essuya une énorme tempête. Jonas fut désigné par les marins de l'embarcation comme l'unique responsable de cette catastrophe et fut balancé par-dessus bord.

Il fut recueilli par une baleine… qui était un grand poisson. Car il n'est pas question de mammifère marin, mais bien d'un très grand poisson qui avala Jonas, puis le recracha sur le rivage. Pas de mammifère marin et encore moins de « baleine » à proprement parler dans le récit biblique, mais un grand poisson, même si Jonas forme un couple presque parfait avec « sa » baleine. De toutes les façons, une baleine même très imposante, ne peut pas avaler un être humain du fait de la taille de sa gorge, trop petite !

VRAI !

LE KOALA NE BOIT JAMAIS

Le koala, mammifère de la famille des marsupiaux, vit exclusivement en Australie. Animal nocturne, il dort environ dix-neuf heures par jour, et se nourrit généralement en fin de journée ou pendant la nuit.

Le mot « koala » est emprunté à la langue aborigène et signifie justement « ne boit pas ».

Et pour cause, puisque le petit animal au gros museau et aux larges oreilles s'hydrate

grâce aux feuilles d'eucalyptus dont il se nourrit. Elles sont d'ailleurs un poison pour les autres animaux, mais sont parfaitement assimilées par le koala, grâce à son métabolisme particulier.
Cela signifie qu'en temps normal le koala ne boit jamais puisque l'eau contenue dans les feuilles d'eucalyptus lui suffit. Il n'y a qu'en période de grande sécheresse qu'il est contraint de boire un peu.

LA VOIX PEUT BRISER LE VERRE

FAUX !

Outre ses caprices de diva et son caractère de cochon, Bianca Castafiore, la célèbre et truculente cantatrice des *Aventures de Tintin*, casse tous les objets en verre et autres vitres dès qu'elle se met à chanter. Mais il serait faux d'en déduire que la voix peut briser le verre.

Pour qu'il se brise sous l'effet d'une onde, il faudrait qu'il vibre à très grande amplitude au point d'entrer en résonance. Ce phénomène de résonance, bien connu des physiciens, est celui par lequel un pont peut s'écrouler après le passage d'une armée de soldats marchant au pas : les oscillations provoquées par les soldats sont telles que le pont cède.
Le verre peut également entrer en résonance et vibrer tellement fort qu'il finit par casser. En plaçant un verre entre deux haut-parleurs, le verre peut se briser si la puissance des haut-parleurs est portée à un niveau particulièrement élevé. Doit-on en déduire que la voix peut produire les mêmes effets ?
Eh bien non ! Pour casser le verre, la voix, devrait être d'une puissance hors norme et produite sur une fréquence unique, ce qui n'est jamais le cas.

LES MOULES FERMÉES APRÈS LA CUISSON NE DOIVENT PAS ÊTRE CONSOMMÉES

FAUX !

La plupart des recettes de cuisine sont formelles : il faut absolument jeter les moules qui sont restées fermées après la cuisson, car c'est le signe imparable qu'il s'agit de moules avariées.
C'est faux !
Certaines moules sont plus « musclées » que d'autres : leur coquille, fermée sous l'action du muscle adducteur, n'a pu s'ouvrir, même pendant la cuisson. Ces moules ne demandent qu'à être ouvertes, puis mangées, à moins qu'exceptionnellement il ne s'agisse de moules vaseuses ou sableuses qui, elles, sont en revanche impropres à la consommation.

LES ANGUILLES ÉLECTRIQUES PRODUISENT DE L'ÉLECTRICITÉ

VRAI !

Les anguilles électriques portent bien mal leur nom, puisqu'il ne s'agit pas à proprement parler d'anguilles et qu'elles n'ont aucun lien de parenté ni avec les murènes ni avec les anguilles d'Europe.
L'anguille électrique, *Electrophorus electricus*, appelée communément, « gymnote » ou « gymnote électrique » ou encore *Z'anguitramblan* en créole, fait partie de l'ordre des gymnotiformes, tandis que l'anguille d'Europe appartient à l'ordre des anguilliformes.
Ce poisson étonnant a élu domicile dans les eaux de Guyane et d'Amérique du Sud : il a l'étonnante particularité de produire de l'électricité, qui sort de son corps. Les autres animaux en produisent aussi, mais en infime quantité, celle-ci parcourant les nerfs et permettant *in fine* aux muscles de se contracter.

C'est le cerveau qui envoie une impulsion électrique qui voyage ensuite dans tout le corps du gymnote, jusqu'à l'organe électrique principal, situé à proximité de la colonne vertébrale, sous la peau.
L'organe électrique du gymnote est constitué de plusieurs milliers de plaques électriques, ou « électroplaques », dont le fonctionnement s'apparente à celui d'une pile. Le pôle positif de cette pile est situé dans la tête du gymnote et le pôle négatif au bout de sa queue.
Au total, les décharges électriques produites par chaque électroplaque font plus de 500 volts ! En théorie, cela pourrait permettre d'allumer une douzaine d'ampoules de 40 watts.
En pratique, cela signifie que l'on prend un sacré coup de jus si l'on touche la bestiole, mais également si l'on a la mauvaise idée de s'en approcher à moins de 2 mètres.
Le gymnote peut produire, sans faiblir, 150 décharges de 700 volts chacune en une heure.

LES NUAGES SONT FORMÉS DE VAPEUR D'EAU

FAUX !

De quoi sont constitués les nuages dans le ciel ? À un moment ou à un autre, chacun s'est posé la question ou l'a posée à ses parents ou grands-parents. Et quelle fut la réponse la plus couramment donnée à cette question cruciale ? Les nuages sont formés de vapeur d'eau !

Malheureusement, cette réponse devenue presque banale présente le défaut majeur d'être parfaitement inexacte.

Si les nuages étaient constitués de vapeur d'eau, ils seraient invisibles. Ce qui rend les nuages visibles dans le ciel, ce sont les milliards de gouttelettes d'eau qui les composent. Certes, ces gouttelettes proviennent de la condensation de la vapeur d'eau entrant en contact avec l'air froid en altitude. Par exemple, les nuages les plus élevés, de la famille des cirrus, qui se forment dans la troposphère, sont constitués de petits cristaux de glace.

FAUX !

CHARLES LINDBERGH FUT LE PREMIER À TRAVERSER L'ATLANTIQUE EN AVION

L'aviateur Charles Lindbergh est passé à la postérité en traversant le premier l'océan Atlantique en avion, les 20 et 21 mai 1927, reliant New York à Paris aux commandes du *Spirit of St. Louis*.
Pourtant, Charles Lindbergh n'est pas le premier à avoir réussi un vol transatlantique. La tentative précédente, qui avait réussi, avait eu lieu en... 1919 !
Ce sont deux aviateurs anglais, le capitaine John Alcock et le lieutenant Arthur Brown, qui, partis le 13 juin 1919 de Terre-Neuve (au Canada), se sont posés quelque seize heures plus tard à Clifden, en Irlande, après avoir parcouru environ 3 500 kilomètres sans escale. Les deux hommes se sont relayés aux commandes d'un bombardier Vickers Vimy IV datant de la Première Guerre mondiale.
À noter aussi qu'en mai 1919 un autre franchissement de l'Atlantique avait eu lieu, entre Terre-Neuve et Londres, en hydravion

et par un équipage militaire. Ce tout premier franchissement n'a pas non plus été retenu. Mais Charles Lindbergh, s'il ne fut pas le premier, eut toutefois le mérite d'accomplir son exploit en solitaire et à bord d'un monomoteur, ce qui n'était pas rien, tout de même !

L'EAU PURE EST UN ISOLANT ÉLECTRIQUE

VRAI !

Par définition, un matériau « diélectrique » ou isolant électrique ne peut conduire le courant électrique. C'est le cas du vide, du plastique ou du verre.
Et c'est aussi le cas de l'eau : mais attention, pas de n'importe quelle eau !
En effet, il est connu que l'eau normale, qu'il s'agisse de l'eau du robinet ou de l'eau minérale par exemple, est un redoutable et dangereux conducteur de courant électrique. Cela est dû aux ions présents dans l'eau, charges électriques qui conduisent le courant.

Ce n'est en revanche pas le cas de l'eau pure, c'est-à-dire de l'eau « désionisée » (débarrassée de ses ions) ou distillée, qui constitue un excellent isolant électrique. De l'eau très pure peut être obtenue en laboratoire et est utilisée comme isolant électrique pour certaines applications industrielles, comme le nettoyage des éléments semi-conducteurs, qui doit être réalisé méticuleusement pour éliminer toutes les impuretés.

FAUX !

LE RATON LAVEUR LAVE SA NOURRITURE AVANT DE LA MANGER

Le raton laveur passe pour un obsessionnel compulsif, qui lave consciencieusement et systématiquement ses aliments avant de les manger.
En réalité, le raton laveur qui adore se nourrir de petits animaux aquatiques, comme les écrevisses, les poissons, etc., frotte sa nourriture entre ses pattes avant de l'ingérer : cela donne, ainsi, l'impression qu'il la lave.

J'AURAIS VOULU ÊTRE UN ARTISTE

GRAHAM BELL A INVENTÉ LE TÉLÉPHONE

FAUX !

Le téléphone est un objet que l'on associe très facilement et presque naturellement à Graham Bell, ingénieur écossais né en 1847 à Édimbourg. Pourtant, une polémique a sérieusement remis en question la paternité de l'invention du téléphone à Alexander Graham Bell.

En effet, c'est plus à l'Américain d'origine italienne Antonio Meucci que revient le mérite de cette invention qui a tellement chamboulé les modes de vie.

Antonio Meucci aurait en effet réalisé les prototypes du téléphone entre 1850 et 1862. Il a d'ailleurs obtenu, fin 1870, un brevet descriptif temporaire pour cette invention. Mais n'ayant pas la capacité financière suffisante, Antonio Meucci n'a malheureusement pas pu procéder au renouvellement de son brevet avant qu'il n'expire, en 1874.

Deux ans plus tard, en 1876, le brevet de l'invention du téléphone fut finalement accordé à Bell.
À noter, d'ailleurs, que la Chambre des représentants américaine a officiellement reconnu cent vingt-six ans plus tard, le 15 juin 2002, le rôle joué par Antonio Meucci dans l'invention du téléphone. Cette reconnaissance *post mortem* bien tardive, simple résolution sans valeur scientifique ni historique, stipulait que « si Meucci avait été capable de payer les dix dollars de frais pour maintenir la promesse de brevet après 1874, aucun brevet n'aurait pu être délivré à Bell ». C'est on ne peut plus clair ! Tout ça pour une poignée de dollars !

CERTAINS ANIMAUX SIMULENT LEUR PROPRE MORT

VRAI !

Certains sont prêts à tout pour ne pas se faire manger : changer d'apparence, modifier leur couleur, y compris simuler leur propre mort. On a pu observer que des animaux, comme les serpents, les requins, les salamandres ou les opossums, sont capables de passer pour morts : cela leur permet de se montrer à leur prédateur qui, en principe, n'a plus aucun intérêt pour eux. Ce comportement s'appelle la « thanatose ».
En cas de danger imminent et important, l'animal prend une posture de cadavre, en vue de dissuader son adversaire de le tuer. Certains charançons, coléoptères et araignées sont coutumiers du fait : ils sont ainsi capables de se mettre sur le dos, en repliant leurs pattes sur leur abdomen.
Les requins sont également des champions de la thanatose : ils tordent leur corps et se laissent chuter au fond de l'eau.

Les reptiles sont assez convaincants dans le rôle de leur propre cadavre, puisqu'ils se retournent, ouvrent leur gueule et laissent pendouiller leur langue sur le côté, pour avoir l'air encore plus moribonds.
Les opossums vont encore plus loin dans la mise en scène, en se laissant tomber et en se mettant dans un état cataleptique évoquant la rigidité cadavérique, dans lequel ils peuvent rester six heures environ, le temps que le prédateur change de proie...
Simuler la mort est malgré ce que l'on peut penser assez dissuasif, certains prédateurs jouant un certain temps avec leur proie avant de la tuer.

FAUX !

GUTENBERG A INVENTÉ L'IMPRIMERIE

Lorsque l'on cite Gutenberg, le premier mot qui vient à l'esprit, c'est « imprimerie ». Et dans la plupart des esprits, cela ne fait ni une ni deux : Gutenberg est l'inventeur de l'imprimerie. C'est ce qu'on a appris à l'école.

Mais Johannes Gensfleisch, nettement plus connu sous le nom de Gutenberg, n'est pas l'inventeur à proprement parler de l'imprimerie, qui existait depuis le XIe siècle en Asie, plus précisément en Chine. Il n'est pas non plus le créateur de l'imprimerie à caractères mobiles ou métalliques (ceux-ci auraient été utilisés en Corée au début du XIIIe siècle), mais il l'a considérablement améliorée.
Gutenberg, associé à Johann Fust et Pierre Schoeffer, a en fait modernisé l'imprimerie, qui avait été importée de Chine en Europe par les Perses, au XIIIe siècle : sans avoir véritablement inventé la technique de l'imprimerie, il a bouleversé les méthodes de production des livres en Europe, ce qui n'est pas rien !
Vers 1440, Gutenberg a appliqué à l'imprimerie une série d'innovations sans précédent, comme l'utilisation de caractères typographiques réalisés dans un alliage d'étain, de bismuth et d'antimoine, l'amélioration des presses xylographique, et l'utilisation d'une encre plus résistante et marquant mieux le papier. Ces innovations ont considérablement réduit le coût de fabrication des livres et favorisé leur plus large diffusion en Europe.

AVANT CHRISTOPHE COLOMB, TOUT LE MONDE PENSAIT QUE LA TERRE ÉTAIT PLATE

FAUX !

Généralement, les grandes découvertes ont un « avant » et un « après » ; celle de Christophe Colomb n'échappe pas à cette règle. Avant Christophe Colomb, une majorité d'individus pensaient que la Terre était plate ; ce sont ses découvertes qui ont révolutionné la manière de concevoir la Terre et l'univers tout entier.

Mais c'est loin d'être aussi simple : dès l'Antiquité, on savait que la Terre était ronde. D'ailleurs, les plus grands savants et penseurs de l'Antiquité, comme Platon et Aristote, ont affirmé, preuves à l'appui, que la Terre était bien sphérique. Puis Ératosthène (~276 – ~195 avant J.-C.) fut le premier à mesurer le méridien terrestre et aboutit à une longueur d'environ 40 000 kilomètres.

C'est le christianisme qui a fini par compliquer les choses et mettre à mal les données d'astronomie produites par les savants de l'Antiquité : au tout début du Moyen Âge,

l'obscurantisme imposé par l'Église catholique fit régner l'idée que la Terre était plate. Mais les contemporains de Christophe Colomb savaient que la Terre n'était pas plate et Christophe Colomb lui-même connaissait les ouvrages de référence qui prouvaient la sphéricité de la Terre.
Quoi qu'il en soit, la Terre n'est pas plate, c'est certain, mais elle n'est pas non plus parfaitement sphérique, puisqu'elle est aplatie aux pôles et boursouflée à l'équateur.

IL EXISTE UNE PIEUVRE CAPABLE DE CHANGER D'APPARENCE

VRAI !

Le mimétisme des pieuvres est connu de longue date : elles sont pour la plupart capable de modifier leur couleur et/ou leur texture, se confondant ainsi à merveille avec les rochers ou les algues, par exemple.

Mais il existe une pieuvre, découverte en 1998, qui est dotée de facultés bien particulières, puisque ce céphalopode, appelé « pieuvre mimétique », *Thaumoctopus mimicus,* est capables de changer de couleur, mais aussi de forme, au point de ressembler à d'autres espèces sous-marines : de leur ressembler physiquement, ce qui est déjà une performance, mais aussi d'en mimer le comportement, ce qui est encore plus étonnant.
Cette pieuvre excellente imitatrice, qui peut faire une soixantaine de centimètres, vit principalement en zone tropicale, dans les eaux de Malaisie et d'Indonésie.
Ces facultés hors du commun permettent à la pieuvre mimétique de dérouter ses prédateurs ou ses proies, pour mieux les dévorer.
Par exemple, cette pieuvre est capable de se métamorphoser en crabe, pour ne pas effrayer certaines de ses proies qui fuiraient si elles voyaient une pieuvre.
On a recensé une quinzaine d'espèces que la pieuvre mimétique est capable d'imiter, comme les crabes, les raies, les anémones de mer, les méduses, certains poissons plats, les rascasses, les serpents de mer ou même les coquillages.

MARCEL PROUST
EST À L'ORIGINE DU QUESTIONNAIRE QUI PORTE SON NOM

FAUX !

Le questionnaire de Proust, qui permet d'en savoir un peu plus sur les goûts, les aspirations et la personnalité de chacun, n'est pas une création *ex nihilo* de Marcel Proust : l'écrivain a, en effet, traduit et adapté un test anglais datant des années 1860 et nommé *Confessions*.
En traduisant ce test, qu'il a découvert à la fin du XIXe siècle, il a d'ailleurs ajouté des questions au texte original et en a supprimé d'autres.

LA VÉRITABLE ERIN BROCKOVICH JOUE DANS LE FILM *ERIN BROCKOVICH* DE STEVEN SODERBERGH

VRAI !

Erin Brockovich, ou en français *Erin Brockovich, seule contre tous,* est un film réalisé en 1999 par Steven Soderbergh.
Ce film relate l'histoire vraie d'une femme autodidacte, travaillant comme secrétaire dans un petit cabinet d'avocats, et qui mit au jour un énorme scandale environnemental en Californie, impliquant la société Pacific Gas and Electric Company.
À l'écran, c'est Julia Roberts qui incarne Erin Brockovich : ce rôle lui valut d'ailleurs l'Oscar de la meilleure actrice en 2001.
Erin Brockovich a pourtant joué dans le film portant son nom : certes, il s'agit d'un rôle mineur, de figurante un peu spéciale, puisque la jeune femme y fait une courte apparition en tant que serveuse, et portant un badge sur lequel est marqué « Julia » !

MOLIÈRE EST MORT SUR SCÈNE

FAUX !

Ce que Dalida aurait voulu dans sa chanson, Jean-Baptiste Poquelin, *alias* Molière, ne l'a pas fait non plus.
Molière, le célèbre dramaturge et acteur de théâtre, n'est en effet pas mort sur scène, mais chez lui, après avoir été victime d'un malaise pendant la quatrième représentation qu'il donnait du *Malade imaginaire*, le 17 février 1673.

ROMAIN GARY A REÇU DEUX PRIX GONCOURT

VRAI !

Il est théoriquement interdit de recevoir deux prix Goncourt : pourtant, ce fut le cas de Romain Gary, qui l'obtint en 1956 pour son livre *Les Racines du ciel*, puis en 1975 pour *La Vie devant soi*, qu'il avait écrit en prenant le pseudonyme d'Émile Ajar. Pendant un certain temps, personne ne savait qui était exactement ce talentueux écrivain. C'est au moment du suicide de Romain Gary, en 1980, que l'on finira par découvrir qu'Émile Ajar n'existait pas, ou plutôt si : Ajar et Gary ne faisaient qu'une seule et même personne. C'est le neveu de Romain Gary, Paul Pavlowitch, qui pendant huit années a personnalisé Émile Ajar.

LE PRÉNOM DE CÉSAR ÉTAIT JULES

FAUX !

Les Français ont pris de bien mauvaises habitudes de langage en francisant les noms étrangers, y compris latins, termes que ne traduisent pas, par exemple, les Allemands ou les Anglais.
Certes, cette francisation permet de prononcer et simplifier certains noms, mais elle est à

l'origine d'erreurs et d'oublis : dans le cas des noms latins, elle a occulté les vrais noms. C'est ainsi que Jules César s'appelait en réalité Caius Julius Caesar : du coup, son prénom n'était absolument pas Jules, ni son nom César. Et d'ailleurs, comme tous les citoyens romains, l'empereur avait trois noms : le *praenomen*, équivalant à notre prénom actuel ; le *nomen*, équivalant à notre nom de famille ; le *cognomen*, ou surnom, équivalant à… rien du tout aujourd'hui.
La gamme de *praenomen* était très réduite, et la plupart des garçons s'appelaient Caius, Marcus ou Lucius.
Les *nomen* étaient portés par les descendants d'une même famille (Julius, Tullius, etc.).
Les *cognomen* permettaient de distinguer les individus, beaucoup portant le même *praenomen* et le même *nomen* : ainsi, Caesar, le *cognomen* de Caius Julius, signifie « éléphant » en carthaginois.

LE FRÈRE DU CHANTEUR CHICO BOUCHIKHI, LEADER DES GIPSY KINGS, A ÉTÉ ASSASSINÉ PAR LE MOSSAD

VRAI !

Aussi étrange que cela puisse paraître, Ahmed Bouchikhi, le frère du leader des Gipsy Kings, a été tué par le Mossad.
On est en droit de se demander le rapport entre les services secrets israéliens et le proche d'un leader d'un groupe tzigane.
Aucun, justement !
Ahmed Bouchikhi fut victime d'une terrible méprise du Mossad, qui le tua en juin 1973 à Lillehammer, l'ayant confondu avec Ali Hassan Salameh, suspecté d'être l'un des responsables du massacre de Munich lors des Jeux olympiques de 1972.
Ahmed Bouchikhi résidait et travaillait en Norvège, fut éliminé par le Mossad le 21 juillet 1973, sous les yeux de sa femme. Il s'agissait pour le Mossad de mener à bien l'opération « Colère de Dieu » ou « Baïonnette », destinée

à liquider les auteurs directs et indirects de l'attentat de Munich.
Cette traque, qui dura plus de vingt années, inclut donc la bavure de 1973 avec l'assassinat d'Ahmed Bouchikhi, qui n'avait absolument rien à voir avec les terroristes recherchés par le Mossad.

PÉPIN FUT SURNOMMÉ LE BREF EN RAISON DE LA COURTE DURÉE DE SON RÈGNE

FAUX !

Pépin le Bref, fils de Rotrude et de Charles Martel, fut roi des Francs de 751 à 768.
Pépin fut surnommé « le Bref » non pas en raison de la relative brièveté de son règne, mais à cause de sa petite taille : Pépin le Bref était nettement plus petit que son illustre fils, Charlemagne, qui était, lui,

en revanche particulièrement grand pour l'époque.
Ce surnom lui fut d'ailleurs attribué *post mortem*.

LES FRÈRES JACQUES ÉTAIENT FRÈRES

FAUX !

Contrairement à ce que le nom de leur quatuor pourrait laisser penser, les Frères Jacques n'étaient pas quatre frères.
En réalité, seuls deux membres sur les quatre étaient frères : André et Georges Bellec.
Les deux autres Frères Jacques s'appelaient François Soubeyran et Paul Tourenne.

LE JUGEMENT DERNIER, ŒUVRE DE MICHEL-ANGE QUI ORNE LA CHAPELLE SIXTINE, A ÉTÉ CENSURÉ PAR L'ÉGLISE ET RETOUCHÉ

VRAI !

Le Jugement dernier est la gigantesque fresque de 13,70 mètres sur 12,20 mètres qui orne le mur de l'autel de la chapelle Sixte, à Rome.

Cette peinture est l'œuvre de Michel-Ange, qui la réalisa entre 1535 et 1541.

Elle représente le jour du Jugement ou jour de la Rétribution, évoquant à la fois les damnés, la passion du Christ, et les élus de Dieu.

L'œuvre fut une commande du pape Clément VII, qui souhaitait deux fresques : la Chute des anges rebelles sur un des murs de l'autel, et le Jugement dernier sur l'autre. La mort du pape Clément VII vint cependant contrecarrer ce projet, qui fut malgré tout poursuivi par son successeur, le

pape Paul III, en ne conservant cependant que le Jugement dernier.
Lorsque l'œuvre fut terminée, elle fit scandale, du fait de la nudité des personnages, le Christ inclus. Paul III fit recouvrir le sexe de quelques personnages par Daniele da Volterra, ami de Michel-Ange, et fut ensuite surnommé *Il Braghettone*, soit « le culottier ».
Jusqu'au XVIIe siècle, les papes continuèrent de faire retoucher la fresque pour la rendre moins choquante.

LES ARYENS ÉTAIENT DE GRANDS BLONDS AUX YEUX BLEUS

FAUX !

Nombreux sont ceux qui associent les Aryens à des colosses bien charpentés, blonds et aux yeux bleus.
Cette représentation des Aryens est fausse : elle repose sur une théorie développée

par Arthur de Gobineau qui, dans un texte au titre pour le moins évocateur, *Essai sur l'inégalité des races humaines,* affirmait que la noblesse française ainsi que toutes les classes dirigeantes européennes étaient issues de la « race » indo-européenne. Cet ouvrage et ses théories nauséabondes furent à l'origine d'un courant de pensée qui finit par situer les origines du peuple aryen en Europe centrale, et par lui attribuer les caractéristiques physiques des peuples nordiques. Le mal était fait.

En réalité, les Aryens regroupaient diverses populations parlant une langue indo-européenne, et vivant en Iran et au nord de l'Inde depuis le IIe millénaire avant J.-C. Il existe en tout état de cause assez peu d'informations sur l'apparence physique des Aryens, mais une chose est sûre : ils n'étaient pas majoritairement de grands blonds aux yeux bleus, comme peuvent l'être les Scandinaves.

THOMAS EDISON A INVENTÉ L'ÉLECTRICITÉ

FAUX !

On retient de Thomas Edison qu'il a mis au point, entre autres inventions, l'électricité ou plus exactement la lampe à incandescence, qui a fait basculer véritablement la vie quotidienne de la société tout entière dans la modernité, comme l'ont fait l'automobile ou le téléphone.
Cette invention cruciale, qui sonne le glas de l'éclairage au gaz ou au pétrole, est datée du 22 octobre 1879.
Avant d'en arriver là, Thomas Edison, génial bricoleur entièrement autodidacte, fit de nombreux essais et tâtonna beaucoup.
Cependant, si l'Histoire retient le nom d'Edison, dont le génie ne peut être remis en question, il est plus approprié de considérer que Thomas Edison a considérablement amélioré la lampe à incandescence qu'avait inventée Joseph Swan. L'amélioration apportée par Thomas Edison consista à introduire dans l'ampoule à incandescence un filament de tungstène, en lieu et place du filament de carbone utilisé par son concurrent Joseph Swan.

Un procès opposa, d'ailleurs, les deux hommes, et l'antériorité de l'invention de Joseph Swan fut reconnue : cependant, Thomas Edison protégea mieux ses découvertes. Cela n'empêcha pas les deux hommes d'être autorisés malgré tout à fabriquer leurs ampoules : à baïonnette pour Joseph Swan, à culot à vis pour Thomas Edison.

VRAI !

LES DEMOISELLES D'AVIGNON SONT EN FAIT UNE RÉFÉRENCE À LA RUE D'AVINYÓ À BARCELONE

Ce n'est pas la cité des Papes et ses splendeurs architecturales qui inspirèrent le maître espagnol Pablo Picasso pour réaliser son fameux tableau *Les Demoiselles d'Avignon*. La réalité est nettement plus triviale. Picasso, lorsqu'il résidait à Barcelone, logeait près de la rue d'Avinyó, ou Carrer d'Avinyó,

rue connue dans la capitale catalane pour ses maisons closes et ses prostituées.
C'est donc bien en référence à cette rue que le tableau fut nommé : initialement, il s'appelait *El Burdel de Aviñón,* puis prit son nom actuel en 1916, lors d'une exposition.

FAUX !

WALT DISNEY S'EST FAIT CRYOGÉNISER

Pour une étrange raison, la rumeur selon laquelle Walt Disney, le célébrissime créateur de Mickey Mouse, se serait fait cryogéniser, persiste depuis plus de quarante ans. Pire encore, le corps cryogénisé de Walt Disney serait conservé sous l'attraction Pirates des Caraïbes, à Disneyland.
Certes, Walt Disney détestait les enterrements et avait pris soin de spécifier avant son décès qu'il ne souhaitait pas de cérémonie funéraire : il fut donc incinéré en toute discrétion, et ses cendres reposent dans la crypte familiale au Forest Lawn Memorial Park Cemetery, à Glendale, dans l'État

de Californie, aux États-Unis. C'est cette absence de cérémonie funéraire qui est très vraisemblablement à l'origine de cette extravagante rumeur.

FAUX !

LES NOUVEAU-NÉS ONT TOUS LES YEUX BLEUS

Si beaucoup de nouveau-nés ont les yeux d'un bleu assez foncé, il n'est pas exact de généraliser ce phénomène à tous les nourrissons. Il est vrai qu'à la naissance la plupart des bébés (80 % environ) ont des yeux oscillant entre le bleu marine et le gris foncé.

Les mélanocytes sont les cellules responsables de la pigmentation, donc de la couleur de la peau, des cheveux et des yeux : elles sécrètent la mélanine, pigment brun, dont la quantité détermine la couleur des yeux. Les nouveau-nés ont la particularité d'avoir très peu de mélanocytes, d'où la couleur gris-bleu de leurs yeux.

MICHEL-ANGE ET REMBRANDT ÉTAIENT LES PRÉNOMS DES DEUX ARTISTES

VRAI !

Michel-Ange et Rembrandt, ces deux artistes magistraux, ont en commun d'être désignés par leur prénom.
En effet, Rembrandt, qui s'appelait en réalité Rembrandt Van Ryn, est né en 1606 à Leyde aux Pays-Bas. Il choisit son nom d'artiste en référence à Michel-Ange, l'immense peintre, architecte et sculpteur italien.
Quant à Michel-Ange, justement, il s'appelait Michelangelo di Lodovico Buonarroti Simoni. Son prénom en italien était donc Michelangelo, soit Michel-Ange en français.

VRAI !

LES HOMMES PRÉHISTORIQUES DE LA GROTTE DE LASCAUX ONT CONSTRUIT DES ÉCHAFAUDAGES POUR PEINDRE LES MURS

La grotte de Lascaux est mondialement connue pour ses splendides peintures rupestres datant du paléolithique.
Aujourd'hui, c'est une réplique que le public a l'occasion d'admirer, les peintures originales étant préservées des importants risques d'altération.
Si l'on ne connaît pas précisément la période à laquelle la célèbre grotte a été ornée, on sait en revanche que les hommes qui ont réalisé ces peintures se sont servis d'échafaudages fabriqués avec des troncs d'arbres : ces échafaudages leur ont permis de peindre en hauteur.
Ce sont les fouilles archéologiques menées sur place qui ont permis de retrouver la trace de ces constructions en bois, sous

forme de trous percés dans les parois de la grotte, et de fibres tressées, utilisées pour lier les troncs ensemble.
Les hommes de Cro-Magnon, outre leurs talents artistiques incontestables, étaient donc aussi très malins !

FAUX !

GLINGLIN
ÉTAIT UN SAINT

La Saint-Glinglin est célébrée par tous les fervents adeptes de la procrastination : elle désigne en effet un jour qui n'existe pas dans le calendrier liturgique catholique, pour indiquer qu'on fera quelque chose plus tard ou jamais, ou que la probabilité qu'un événement se produise est quasi nulle.
Autrement dit, ce qui aura lieu à la Saint-Glinglin a aussi peu de chances de se produire que ce qui est « remis aux calendes grecques » ou « à Pâques ou à la Trinité », c'est-à-dire approximativement jamais.

Le pauvre Glingin non plus n'a jamais existé et n'a, par conséquent, jamais été béatifié, encore moins canonisé.
La Saint-Glinglin est une déformation de « seing », le signe, et de « glin glin », le tintement des cloches ; à l'origine, l'expression signifiait qu'au moment où les cloches du Jugement dernier sonneraient, le plus tard possible, alors il serait temps de décider ou de faire quelque chose.

INDIRA GANDHI EST LA FILLE DU MAHATMA GANDHI

FAUX !

Les homonymies peuvent engendrer des confusions qui ont la vie dure !
L'Inde a eu des leaders pour le moins charismatiques, dont Indira Gandhi et le Mahatma Gandhi, le « père de la nation ».

Bien qu'ils portent le même nom, Indira Gandhi et Mohandas Karamchand Gandhi, le Mahatma Gandhi, n'ont absolument aucun lien de parenté : Indira était la fille de Nehru, Premier ministre de l'Inde après son indépendance. Gandhi était le nom de famille du mari d'Indira.

VRAI !

NICOLAS CAGE EST LE NEVEU DE FRANCIS FORD COPPOLA

Le vrai nom de Nicolas Cage est Nicholas Kim Coppola. Son père, August Coppola, n'est autre que le frère du célébrissime Francis Ford Coppola, et sa mère Joy Vogelsang, une danseuse et chorégraphe.
Cela signifie tout simplement que Nicolas Cage, qui en prenant son nom de scène fit également sauter le « h » de son prénom, est le neveu de Francis Ford Coppola.
« Cage » a été choisi par l'acteur en référence à une bande-dessinée, *Luke Cage,* dont il était fan quand il était enfant.

ON ENTEND LE MÊME CRI, APPELÉ « CRI WILHELM » LORS DE LA CHUTE DE PERSONNAGES DE NOMBREUX FILMS D'ACTION

VRAI !

« Aaaaarrrggggghhhhhh ! »
Certains personnages au cinéma font de sacrées chutes, pour le moins spectaculaires ! Et pour une partie d'entre eux, lorsqu'ils tombent, ils poussent tous, exactement le même cri.
Cela paraît étonnant, mais ce cri, poussé pour la première fois en 1951 dans *Les Aventures du Capitaine Wyatt*, a en effet été réutilisé dans de très nombreux films.
Ce cri fut intégré à la bibliothèque de sons de la Warner, et fut baptisé cri « Wilhelm », le nom d'un personnage d'un film de 1953, *The Charge at Feather River*.
C'est l'acteur de westerns Sheb Wooley qui poussa ce long cri.

Puis, c'est à partir de 1977 avec la saga *Star Wars,* que le cri fut de nouveau utilisé, exhumé des archives de la Warner par le bruiteur Ben Burtt, qui le trouva dans une boîte portant une étiquette « Homme se faisant dévorer par un alligator ».
Par la suite, le cri fut intégré à de nombreuses scènes de films produits par la Warner, devenant l'objet de *private jokes* entre les bruiteurs : *Kill Bill, Indiana Jones et le temple maudit, Le Seigneur des anneaux* sont des exemples de films dans lesquels on peut entendre ce cri, qui est aussi repris dans des jeux vidéo ou même à la télévision.

L'HABIT NE FAIT PAS LE MOINE

ALBERT EINSTEIN EUT UNE SCOLARITÉ COMPLIQUÉE

VRAI !

C'est le moins qu'on puisse dire ! L'immense génie fut loin d'être un modèle de réussite scolaire, bien au contraire.

Très jeune, il souffrait de difficultés d'élocution, qui furent un vrai fardeau pour lui jusqu'à l'âge de 9 ans. À l'école élémentaire, il travaillait uniquement les matières qui l'intéressaient, comme les mathématiques. Âgé de 15 ans, il quitta le lycée, dont il avait été exclu par le proviseur, au motif qu'il avait une influence néfaste sur les autres élèves, pour rejoindre ses parents installés à Milan. Il n'obtint pas l'équivalent du baccalauréat français et ne put à ce titre entrer dans aucune université allemande.

Il échoua même à l'examen d'entrée de l'Institut fédéral de technologie de Zurich à cause de ses mauvaises notes en biologie et en langues : mais au vu de ses notes en mathématiques et en physique, on lui proposa, en attendant, de terminer ses études secondaires au lycée d'Aarau, à proximité de la frontière avec l'Allemagne. Il obtint le diplôme nécessaire puis postula de nouveau à l'Institut où il fut finalement admis.

FAUX !

L'*ADAGIO* D'*ALBINONI* A ÉTÉ COMPOSÉ PAR ALBINONI

Pourquoi *l'adagio d'Albinoni*, air en *sol* mineur très connu, s'appelle-t-il ainsi ? Parce qu'il a été composé par Albinoni, évidemment ! Pas du tout ! Son auteur est Remo Giazotto, musicologue italien, spécialiste de Tomaso Albinoni, justement.
Cette composition, qui date seulement de 1945, aurait été tirée d'un fragment d'une sonate d'Albinoni, dont des restes de partition auraient été retrouvés dans les ruines de la bibliothèque de Dresde. En réalité, cette prétendue histoire de partition a été montée de toutes pièces pour des questions bassement promotionnelles et commerciales.

FAUX !

CENDRILLON PORTAIT DES PANTOUFLES DE VAIR

Alors, en quoi étaient-elles, les satanées pantoufles que portait Cendrillon ? En « verre » ou en « vair » ?
Qui ne s'est pas fait rembarrer par un pédant affirmant que les pantoufles de la petite souillon n'étaient bien sûr pas en « verre », mais en « vair » ?
L'argument des partisans du vair, une fourrure d'écureuil, repose sur le fait qu'une chaussure ne peut être faite en verre, surtout à l'époque de Charles Perrault qui a retranscrit le conte issu de la tradition orale. Soit. Mais de toute façon, transformer une citrouille en carrosse et des souris en chevaux relève aussi de l'improbable.
Toujours est-il que c'est Honoré de Balzac qui a induit en erreur les lecteurs de Charles Perrault, en invoquant une erreur d'orthographe, affirmant qu'il s'agissait de « vair » et non de « verre ». La polémique a agité, et agite encore, le monde littéraire depuis le XIXe siècle.

Mais dans le manuscrit et les éditions originales du conte retranscrit par Perrault, il s'agit bien de « verre » et non de « vair » ; d'ailleurs, le titre complet du récit est *Cendrillon ou la petite pantoufle de verre*.

AU CLUB DE FOOT DU MILAN AC, IL N'Y A PLUS DE MAILLOT NUMÉRO 3

VRAI !

Cela paraît absurde, et cela ne relève pas de la superstition, mais plutôt de l'hommage, voire du culte de la personnalité, puisque depuis le départ du joueur de légende Paolo Maldini du Milan AC (Associazione Calcio Milan), club milanais de football, la décision a été prise de ne plus floquer aucun maillot du numéro 3, devenu mythique.

Pas touche au numéro 3 donc, pour ne pas déflorer le palmarès ahurissant du joueur : 904 matchs, 33 buts, 15 ans de carrière au Milan AC pour le grand Maldini. Il faut dire que Paolo Maldini porte haut l'héritage de son père Cesare Maldini, puisque tous deux ont mené leur équipe à la victoire en Ligue des champions, brassard de capitaine au bras.
Au Milan AC, on ne plaisante pas avec la gloire ! Plus personne n'y portera le maillot numéro 3, sauf peut-être l'un des propres fils de Paolo Maldini, s'ils marchent dans les traces de leurs père et grand-père.

LE CAMÉLÉON PREND LA COULEUR DE SON SUPPORT

FAUX !

Le caméléon est un sacré numéro, avec ses yeux qui bougent indépendamment l'un de l'autre, sa queue préhensile, ses orteils collés et sa langue aussi longue que son corps ; en plus de toutes ces bizarreries, le caméléon change de couleur.

Mais le caméléon ne change pas de couleur lorsqu'il change de support ; autrement dit, il ne prend pas instantanément la couleur du support sur lequel il se trouve. Inutile de poser un caméléon sur une nappe à carreaux en pensant qu'il va se parer de carreaux rouges et blancs.

En réalité, certains caméléons – pas tous – ont une couleur qui varie en fonction de leur environnement et, surtout, de leur état émotionnel.

Stress, colère, peur, tranquillité, rivalité sexuelle sont à l'origine des variations de teinte du caméléon, qui peut ainsi virer au noir, au marron, au vert, voire se strier de rouge.

FAUX !

MORPHÉE
EST UNE FEMME

Morphée et ses bras si agréables dans lesquels s'endormir…
Mais le « e » à la fin de son nom est trompeur, au point qu'on le prend pour une femme.
Pourtant, Morphée est la divinité masculine des rêves prophétiques, peut-être le fils de Nyx (la Nuit) et d'Hypnos (le Sommeil). Avec des parents pareils, il n'est vraiment pas étonnant qu'il soit calé en endormissement et en sommeil.

LES ALGUES MARINES PRODUISENT LES DEUX TIERS DE L'OXYGÈNE DE LA PLANÈTE

VRAI !

Qui pourrait penser que le « poumon vert » de la planète, ce sont les algues, et non les arbres ?
Ces végétaux aquatiques aux multiples richesses et propriétés sont de grands producteurs d'oxygène.
Toutes les algues, vertes, bleues, grandes ou microscopiques, appelées également phytoplancton, ont en commun de produie de l'oxygène, beaucoup d'oxygène, puisqu'on estime qu'elles contribuent à hauteur des deux tiers de la production planétaire.
Ce sont donc les océans qui sont majoritairement responsables du renouvellement

de l'indispensable oxygène contenu dans l'atmosphère.

ATTILA ÉTAIT UNE BRUTE SANGUINAIRE ET SANS ÉDUCATION

FAUX !

Attila, tel qu'on le décrit en cours d'Histoire, était un souverain brutal et sans aucun raffinement : le méchant idéal, sans foi ni loi. Sa cruauté légendaire a fait de lui le « fléau de Dieu » au point qu'il se vantait lui même que « l'herbe ne repoussait pas là où son cheval était passé ». Le chef hun était donc un monstre bestial, rejetant toute forme de raffinement et de civilisation.
Oui, mais voilà, cette vision d'Attila ne correspond pas à la réalité, d'après la plupart

des historiens. Ceci est notamment lié au parcours singulier de ce puissant monarque : il est en effet établi qu'Attila a passé une partie de sa jeunesse entre les cours de Rome et Ravenne, voire Byzance, haut lieu du raffinement culturel.

Fort de ces expériences de jeunesse, Attila parlait couramment le grec et le latin, ce qui lui permit de discuter diplomatiquement avec le pape alors qu'il assiégeait Rome.

Attila ne manquait toutefois pas de cruauté, puisqu'il fit assassiner son propre frère pour prendre le pouvoir, mais il était loin d'être une brute épaisse sans éducation.

HENRI III ÉTAIT HOMOSEXUEL

FAUX !

Henri III, quatrième fils d'Henri II et de Catherine de Médicis, fut le dernier des Valois. Il fut roi de France de 1574 à 1589. Il avait d'après les spécialistes une personnalité complexe, affichait un goût très prononcé pour l'extravagance, ce qui ne l'empêchait pourtant pas d'avoir une vraie stature d'homme d'État.

Ce qui fit sa « renommée » dans l'Histoire fut son homosexualité notoire, puisqu'il est décrit entouré d'une armée de « mignons » dont il appréciait particulièrement la compagnie. Pourtant, aucun témoignage concret n'atteste de son homosexualité, ni ne fait état de conquêtes masculines. En revanche ses nombreuses conquêtes féminines sont, quant à elles, bien répertoriées.

C'est probablement son raffinement extrême, ses bonnes manières et son hygiène corporelle irréprochable, qui tranchaient nettement avec les mœurs de l'époque, qui ont conduit cette rumeur à se propager à travers les âges.

CHARLIE CHAPLIN A ÉCHOUÉ À UN CONCOURS DE SOSIES DE... CHARLOT !

VRAI !

Aussi étrange que cela paraisse, il ne suffit pas d'être Charlie Chaplin pour remporter un concours de sosies de... Charlot.
En effet, Charlie Chaplin, qui inventa le personnage de Charlot, avec sa petite moustache, ses godillots, son chapeau melon, sa canne et ses mimiques, échoua à un concours de sosies de Charlot ! Un comble !
Si les circonstances et le lieu exact de ce concours ne sont pas totalement limpides, il est certain que Charlie Chaplin participa à un concours de sosies de lui-même, et qu'il se retrouva sur la troisième marche du podium seulement, distancé par deux autres concurrents jugés meilleurs que lui.
Heureusement, il n'a pas renoncé à poursuivre sa carrière pour autant !

COMME D'HABITUDE EST UNE CHANSON 100 % FRANÇAISE

VRAI !

« Je me lève, et je te bouscule, tu ne te réveilles pas, comme d'habitude… » C'est ainsi que commence la chanson *Comme d'habitude,* qui a fait le tour du monde.

On pourrait penser que cette chanson est directement traduite de l'anglais, une adaptation à la sauce française d'un tube international.

Ce n'est pas aussi simple !

La mélodie originale est l'œuvre du compositeur Jacques Revaux, qui avait en effet imaginé un texte anglophone intitulé *For Me*. Plusieurs artistes, dont Michel Sardou, refusèrent cette chanson, dont la maquette fut présentée à deux reprises à Claude François, qui finit par l'accepter au printemps 1968, à condition de la remanier complètement et d'en consacrer les paroles à un couple qui tombe dans la routine. Il fit appel au parolier Lucien Gilles Thibaut, qui en écrivit les paroles que l'on fredonne aujourd'hui…

et qui ont été traduites l'année suivante en anglais par Paul Anka (qui appellera la chanson *My Way*) et interprétées par les plus grands : Paul Anka bien sûr, Frank Sinatra, Elvis Presley et même Sid Vicious, dans une version nettement moins crooner.
À sa sortie cependant, la chanson ne connut dans l'Hexagone qu'un succès d'estime.
Aujourd'hui, la chanson est devenue presque un classique, et est chantée un peu partout dans le monde.
Un exemple de 100 % « made in France » qui s'est parfaitement exporté !

FAUX !

« AMAZONE » SIGNIFIE « QUI N'A QU'UN SEIN »

Selon la mythologie grecque, les Amazones sont une tribu de femmes guerrières qui se coupaient le sein droit pour être plus habiles au tir à l'arc. Ces redoutables guerrières habitaient en Cappadoce, région du centre

de l'actuelle Turquie. La légende prétend également que les Amazones mutilaient leurs enfants mâles, en les rendant aveugles ou boiteux, voire les tuaient. Pour des raisons de perpétuation de leur tribu, elles s'accouplaient une fois par an avec des hommes des peuplades voisines, triés sur le volet, puis privilégiaient les enfants de sexe féminin. Leur société était très nettement matriarcale. Les Amazones étaient armées d'une lance, d'un arc et de flèches, d'une hache et d'un bouclier pour se protéger.
Les Amazones en tant que telles n'ont pas existé, mais la légende s'inspire de certaines femmes guerrières issues des Scythes et des Sauromates. Non seulement il s'agit d'un peuple légendaire, mais l'étymologie la plus répandue de leur nom l'est aussi : depuis l'Antiquité, on considère que le mot « Amazones » signifie en ionien « celles qui n'ont pas de sein ».
En réalité, cette étymologie est erronée : leur nom viendrait de celui d'une tribu iranienne « Hamazan », ou du persan *Ha mashyai*.

LA VITAMINE C ÉNERVE ET EMPÊCHE DE DORMIR

FAUX !

De nombreuses personnes ne mangent pas d'oranges le soir de peur de ne pas pouvoir dormir ; les oranges ne provoquent pas d'affreux cauchemars, mais elles contiendraient une dose de vitamine C susceptible d'être à l'origine d'insomnies. La vitamine C a en effet une réputation d'excitant, au point d'énerver et d'empêcher de dormir.
Encore une idée à dormir debout, justement ! La vitamine C n'est en rien un excitant et ne peut en aucun cas perturber le sommeil ni l'activité cérébrale nocturne.
Et toutes les études médicales menées sur le lien entre vitamine C et sommeil ont abouti aux mêmes conclusions : la vitamine C n'énerve pas et n'empêche pas de dormir.
Une petite orange, un kiwi ou une clémentine à la fin de votre dîner n'aura aucune responsabilité dans l'éventuelle insomnie qui suivra !

FAUX !

LA PLACE ROUGE A ÉTÉ BAPTISÉE AINSI PAR LES COMMUNISTES

L'immense place de 52 000 mètres carrés au cœur de Moscou, jouxtant le Kremlin, est depuis le XVe siècle l'épicentre de la vie publique moscovite. C'est sur cette place qu'on lisait au peuple les édits du tsar et que la justice était rendue.

La place, bien avant l'installation des communistes au pouvoir, fut nommée au XVIIe siècle la « Belle Place », *krasnaïa plochade* en russe. *Krasnaïa* signifiait à cette époque « belle », mais aussi « rouge ». Rapidement, la « Belle Place » est devenue la place Rouge, du fait de l'emploi d'un autre mot, *krasivaïa*, pour traduire « belle ».

La place était donc rouge avant que la Russie ne passe aux mains des Soviétiques.

LE *TITANIC* ÉTAIT DÉCRIT PAR SES PROPRIÉTAIRES COMME INSUBMERSIBLE

FAUX !

Dans tous les esprits, le *Titanic* était complètement insubmersible, ce qui a d'ailleurs rendu son naufrage encore plus surprenant et dramatique. Ce sont les propriétaires du bateau qui auraient d'ailleurs eux-mêmes qualifié leur navire d'insubmersible.

Mais cette fausse réputation d'insubmersibilité a fait son apparition non pas avant son naufrage, mais après ce drame.

Certes, avant son lancement, le navire avait été décrit par la presse comme insubmersible, mais il était courant à l'époque de qualifier ainsi dans la presse les nouveaux paquebots.

En fait, la plupart des descriptions commerciales et techniques du *Titanic* en faisaient non pas un paquebot insubmersible, mais… presque insubmersible. La nuance est de taille !

VRAI !

LES VIKINGS ET LES INDIENS SE SONT RENCONTRÉS AU XIe SIÈCLE

On a du mal à croire qu'une telle rencontre, entre Vikings et Indiens ait pu avoir lieu. Cependant, c'est bien le cas. On ne sait pas exactement ce qu'ils ont eu à se dire, mais, *a priori,* leurs rencontres ont été l'occasion de divers conflits locaux.
Les Vikings ont quitté le Groenland aux alentours de l'an 1000, mettant le cap à l'est et se dirigeant ainsi vers l'actuelle île de Terre-Neuve, sous la houlette de Leif Ericson, fils d'Erik le Rouge.
Ils se sont installés sur l'île de Terre-Neuve et ont croisé à plusieurs reprises les autochtones, des tribus indiennes vivant dans l'est du Canada, qu'ils ont surnommés « Skraelings ».
On estime qu'il y a eu des visites scandinaves dans cette région jusqu'au XIVe siècle.

LES STATUES ANTIQUES ÉTAIENT EN MARBRE OU EN PIERRE BLANCHE

FAUX !

S'il est vrai que les statues antiques qui ont le mieux tenu le coup jusqu'ici étaient en marbre blanc ou en pierre blanche, d'autres techniques de sculpture prévalaient à l'époque : le bronze, l'argile ou même le bois étaient des matériaux courants et appréciés en sculpture.
De plus, les statues, y compris celles en marbre ou en pierre, étaient fréquemment revêtues de peintures assez vives, incrustées d'or, d'ivoire, ou même parées de bijoux. Les statues antiques étaient bien loin d'être systématiquement en marbre ou en pierre blanche.

VRAI !

IL NE FAUT PAS SOURIRE À PLEINES DENTS SUR UNE PHOTO OFFICIELLE D'IDENTITÉ

On ne plaisante pas avec l'administration. Il faut s'en souvenir, surtout au moment où l'on doit se faire tirer le portrait pour des documents officiels, tels que carte nationale d'identité, passeport, permis de conduire et titre de séjour pour les étrangers résidant ou travaillant en France.
Les normes officielles sont impitoyables et mieux vaut suivre les consignes à la lettre pour éviter de se casser le nez.
Pour qu'une photo soit acceptée par l'administration, les textes officiels indiquent entre autres, que « le sujet doit fixer l'objectif. Il doit adopter une expression neutre et avoir la bouche fermée ».
Les photos rigolotes avec force accessoires, maquillage, tenues et coiffures extravagantes sont retoquées.

JAMES BOND EST LE NOM D'UN ORNITHOLOGUE AMÉRICAIN

VRAI !

James Bond est le nom du célèbre agent des services secrets britanniques, né de l'imagination de Ian Fleming en 1953. Incarné par Barry Nelson, Sean Connery, George Lazenby, David Niven, Roger Moore, Timothy Dalton, Pierce Brosnan et Daniel Craig, le héros polyvalent, aux multiples conquêtes féminines, porte le même nom qu'un célèbre ornithologue.

Et ce n'est pas le fruit du hasard, puisque Ian Fleming était un fou d'oiseaux et d'ornithologie : lorsqu'il faisait ses observations, il se référait à *A Field Guide to the Birds of the West Indies*, ouvrage rédigé par James Bond et maintes fois réédité.

C'est donc en hommage à son maître que Ian Fleming baptisa son héros James Bond. D'ailleurs, dans *Octopussy* et dans *Meurs un autre jour*, on voit le héros feuilleter le fameux livre.

L'HOMME UTILISE MOINS DE 20 % DE SES CAPACITÉS CÉRÉBRALES

FAUX !

Il paraît que chaque être humain n'utilise qu'une petite part – moins de 20 %, voire 10 % – de ses capacités cérébrales. Les 80 % à 90 % de capacité cérébrale restant seraient une réserve, une sorte de friche dont l'exploitation autoriserait la mise en œuvre d'aptitudes particulières, comme la télépathie.

Il s'agit d'une idée reçue qu'il semble difficile de déloger de la caboche de nombreux individus, même les moins obtus, et qui repose sur le fait établi que le cerveau n'est, en effet, pas mobilisé à 100 % par une activité.

Pourtant, toutes les observations scientifiques contredisent cette affirmation : le cerveau est en réalité rarement inactif, même si certaines de ses zones ne sont mises à contribution que pour des activités très spécifiques.

L'ACTRICE HEDY LAMARR A INVENTÉ UN SYSTÈME DE RADIOGUIDAGE ENCORE UTILISÉ DANS LES GPS

VRAI !

Hedy Lamarr, actrice mythique du cinéma américain, fut désignée par le producteur Louis B. Mayer comme étant la plus belle femme du monde.
Superstar, bombe sexuelle, elle incarna le rôle principal dans de très nombreux films en tout genre.
Née le 9 novembre 1914 à Vienne, sous le nom de Hedwig Eva Maria, Hedy Lamarr fit une première apparition plus que remarquée au cinéma, en 1933 dans le film *Extase* où elle jouait une scène dans son plus simple appareil.
Si sa carrière cinématographique est aujourd'hui connue, la belle brune avait d'autres qualités qu'on ne lui soupçonnait pas nécessairement : elle mit en effet au point un système de codage des transmissions, qu'elle fit breveter,

utilisable par les torpilles américaines et leur permettant d'être guidées par fréquence radio. Elle conçut cet ingénieux système en duo avec son mari d'alors, George Antheil, compositeur et fervent antinazi.
Ce système, jugé trop compliqué en 1940, a été par la suite intégré à un certain nombre de liaisons chiffrées, de communication d'engins spatiaux avec le sol, et même dans les liaisons sans fil Wi-Fi pour la téléphonie cellulaire.

FAUX !

LA GUILLOTINE A ÉTÉ INVENTÉE PAR LE DOCTEUR GUILLOTIN

Qui dit poubelle dit... préfet Poubelle, et qui dit guillotine dit... docteur Guillotin. Malheureusement pour le docteur Guillotin, la redoutable machine est associée à son nom depuis 1792, année où elle fut mise en service. Le premier condamné à mort guillotiné fut,

en effet, Nicolas Pelletier, bandit de grands chemins, dont l'exécution eut lieu, à Paris, le 25 avril 1792, place de Grève, l'actuelle place de l'Hôtel-de-Ville.
Le premier essai de la machine avait eu lieu quelques jours plus tôt, le 17 avril 1792, à l'hôpital de Bicêtre, sur quelques moutons, puis sur trois cadavres humains.
Joseph Ignace Guillotin, médecin et homme politique, est connu comme étant l'inventeur de la guillotine. Mais ce n'est pas lui qui l'a inventée. Il fut, en effet, à l'origine d'un projet de réforme du droit pénal présenté à l'Assemblée constituante, le 9 octobre 1789, dont le premier article stipulait : « les délits de même genre seront punis par les mêmes genres de peines, quels que soient le rang et l'état du coupable ». Il s'agissait donc d'appliquer le même châtiment à tous les condamnés à la peine capitale, et ce quels que soient leur statut social et le forfait qu'ils avaient commis. L'objectif de Guillotin était également d'épargner des souffrances inutiles aux condamnés, les plus pauvres d'entre eux étant la plupart du temps décapités avec des armes dont le tranchant laissait à désirer, ce qui prolongeait un peu plus leur calvaire.
L'idée « révolutionnaire » de Guillotin fut adoptée le 6 octobre 1791, et on en fit l'usage

intensif que l'on connaît sous la Terreur. La machine à tuer disparut, en France, en 1981, après l'abolition de la peine de mort. Malgré ses protestations, le docteur Guillotin se vit désigné comme l'inventeur officiel de la guillotine. Il en manifesta d'ailleurs le regret jusqu'à sa mort, en 1814.

VRAI !

À SA NAISSANCE, CLARK GABLE A ÉTÉ ENREGISTRÉ PAR L'ÉTAT CIVIL COMME ÉTANT UNE FILLE

L'immense star hollywoodienne, qui joua des rôles de séducteurs on ne peut plus virils, eut pourtant quelques soucis bien indépendants de sa volonté au moment de l'enregistrement par l'état civil de sa

naissance, le 1er février 1901, à Cadiz, État de l'Ohio.
Clark Gable, dont le nom de naissance était probablement William Clark Gable, fut enregistré par l'état civil comme étant une fille. Cette erreur semble provenir de l'écriture quasiment illisible du médecin qui mit le petit Clark au monde, que l'officier d'état civil eut du mal à déchiffrer et qui entraîna cette regrettable méprise.

VRAI !

LE FRISBEE FUT D'ABORD UN MOULE À TARTE

L'inventeur du Frisbee s'appelait Walter Frederick Morrison, charpentier, pilote et entrepreneur américain.
C'est sur les plages californiennes, en s'envoyant avec sa future femme des moules à tarte de la Frisbie Pie Company, que Walter Frederick Morrison eut l'idée lumineuse de fabriquer des disques en bakélite. Il souhaitait en effet améliorer les performances

de vol de ces moules et décida de fabriquer un disque plus élaboré en 1948.
Ces disques furent d'abord baptisés *Flying-Saucers* (« soucoupes volantes »), puis la société Wham-O Manufacturing lui racheta son idée et commercialisa les disques sous le nom de *Pluto Platter* en 1957, qui furent renommés *Frisbee,* un an plus tard, en référence à la pâtisserie qui fournissait les premiers moules que Morrison faisait voler, ou essayait de faire voler.

FAUX !

LA *JOCONDE* EST LA TOILE LA PLUS CÉLÈBRE DU MUSÉE DU LOUVRE

La Joconde est, en effet, le tableau le plus célèbre du Musée du Louvre : des millions de visiteurs venus des quatre coins du monde se pressent chaque année pour admirer le

portrait au sourire énigmatique peint par Léonard de Vinci.
Mais, nuance, ce n'est pas la toile la plus célèbre dudit musée pour la bonne et simple raison qu'il s'agit d'une peinture... sur bois : Léonard de Vinci a, en effet, réalisé son chef-d'œuvre sur un panneau de peuplier, support couramment utilisé au tout début du XVIe siècle pour la peinture à l'huile.

LE SEXE DES REPTILES EST DÉTERMINÉ PAR LA TEMPÉRATURE DU NID (OU AMBIANTE)

VRAI !

Chez de nombreuses espèces animales, le sexe des petits à naître ou à éclore est déterminé par des chromosomes particuliers, les chromosomes sexuels. Bien avant la naissance ou l'éclosion, le sexe du petit de l'homme ou de l'oisillon à venir est définitivement acquis.

Ce n'est curieusement pas le cas des reptiles : il a été en effet prouvé que chez les tortues et les crocodiles, la température d'incubation des œufs influe de manière cruciale sur le sexe des petits : plus la température est élevée et plus les chances d'obtenir des femelles sont grandes. Au-delà d'une certaine température, on n'obtient d'ailleurs que des femelles.
Chez les serpents et les lézards, les recherches scientifiques sur ce phénomène sont encore en cours d'étude.

LOUIS PASTEUR ÉTAIT DOCTEUR EN MÉDECINE

FAUX !

Il paraît évident que lorsque l'on consacre sa vie à la recherche et que l'on est à l'origine d'autant d'avancées majeures dans le domaine de la santé et de la médecine, tel

Louis Pasteur, on est nécessairement docteur en médecine.
Mais il ne faut pas toujours se fier à son esprit de déduction ni aux apparences, car Louis Pasteur n'avait pas le titre universitaire de docteur en médecine.
Il fit des recherches et études sur la fermentation, l'antisepsie et l'asepsie, les microbes et les vaccins (comme celui contre la rage), les maladies touchant certains animaux (comme le mouton ou le ver à soie), mais n'était ni docteur en biologie, ni docteur en médecine, ni même vétérinaire de formation.
Bien qu'élu membre de l'Académie de médecine, en 1873, c'est grâce à une thèse sur la cristallographie que Louis Pasteur obtint, en 1847, un doctorat de physique-chimie. Il était donc bien docteur, mais pas docteur en médecine.

LE TISSU VICHY EST NÉ À VICHY

FAUX !

Vichy, ville du département de l'Allier, est connue notamment pour son tristement célèbre régime pétainiste, mais aussi pour ses cures et ses eaux, ses pastilles blanches à la menthe et… son tissu.
Le vichy est un tissu en coton à carreaux tricolores, immortalisé par Brigitte Bardot dans les années 1950. Ce tissu classique et frais fut toutefois inventé dans les années 1920 par Lucien Langénieux, technicien du tissage et inventeur d'un métier à tisser automatique à quatre couleurs.
La toile de Vichy, contrairement à ce qu'on pourrait croire, n'est pas née à Vichy, mais à Roanne, ville située dans le département voisin de la Loire et distante d'environ cinquante kilomètres.

VRAI !

LE « S » DE HARRY S. TRUMAN NE SIGNIFIE RIEN

Il n'est pas rare que les prénoms américains comportent une initiale, qui veut généralement dire quelque chose : par exemple, le « D » de Franklin D. Roosevelt signifie Delano, tandis que celui de Dwight D. Eisenhower signifie David. Ce deuxième prénom est appelé *middle name*.
Curieusement, le cas de Harry S. Truman est unique, puisque le « S » ne signifie… rien. Le trente-troisième président des États-Unis n'a donc pas de « nom du milieu ». Cette bizarrerie résulterait d'un désaccord entre son père et sa mère, le premier voulant Shippe comme nom du milieu pour son fiston, la seconde ayant jeté son dévolu sur Solomon. Aucun accord n'ayant été trouvé entre monsieur et madame, on sacrifia donc ce nom du milieu en ne lui conservant que sa première lettre.
Un peu comme les personnes qui portent parfois des prénoms composés étranges, pour satisfaire les désirs de la mère et du père…

LE CITRON EST MOINS SUCRÉ QUE LA FRAISE

FAUX !

Le goût est parfois tellement trompeur ! Contre toute attente, le citron, avec son acidité qui fait grincer des dents et qui pique la langue de certains, contient plus de sucre que la fraise. Et ce sont les chiffres qui le prouvent, tout simplement : il y a en effet 7,8 grammes de glucides dans 100 grammes de citron, contre 7 grammes dans 100 grammes de fraises fraîches. La part de sucre contenue dans le citron est donc supérieure de plus de 10 % à celle que renferme la fraise.

Qui est le responsable de cette erreur d'appréciation ?

C'est l'acide citrique du petit agrume jaune qui brouille complètement la perception du goût sucré et donne ainsi la fausse impression que le citron n'est pas sucré, du moins pas autant que la fraise. La saveur acide l'emporte très nettement sur la saveur sucrée : le citron cache bien son jeu.

RAFAËL NADAL EST DROITIER, MAIS JOUE AU TENNIS AVEC LA MAIN GAUCHE

VRAI !

Rafaël Nadal, immense joueur de tennis espagnol, est réputé pour ne jamais lâcher l'affaire : combattant hargneux, il rend coup pour coup.
C'est d'ailleurs son coup droit croisé que ses adversaires redoutent le plus, tant il est puissant.
Ce fameux coup, Rafaël Nadal l'exécute à la perfection, déployant la force musculaire de son bras gauche. Il fait ainsi partie des rares gauchers à occuper le premier carré mondial et à en faire baver des ronds de chapeaux à ses adversaires, surtout sur terre battue.
Et ce qui le rend encore plus singulier, c'est que s'il est gaucher sur les courts, Rafaël Nadal est droitier dans la vie courante : il est notamment incapable d'écrire avec la main gauche et accomplit les actes de la vie courante avec sa main droite.

Dès sa plus tendre enfance, Nadal s'entraînait à jouer au tennis des deux mains. Puis il jeta son dévolu sur son bras gauche, le plus fort des deux...

LES ROIS MAGES S'APPELAIENT BALTHAZAR, MELCHIOR ET GASPARD

FAUX !

La tradition populaire veut que les Rois mages, guidés par l'étoile du Berger, aient rendu hommage à Jésus qui venait de naître : ils étaient au nombre de trois et s'appelaient Balthazar, Melchior et Gaspard.
Cette tradition bien ancrée dans les esprits a donné lieu à des représentations des trois Rois venant offrir à Jésus dans la crèche l'or, l'encens et la myrrhe, trois présents d'une grande valeur.

Mais ces Rois mages ne sont évoqués que dans les écrits évangéliques de Luc et de Matthieu, mais n'y sont ni nommés ni décrits précisément. L'Évangile évoque des mages et non des rois, venus de pays étrangers offrir des présents en hommage à Jésus. Leur nombre est incertain, mais on en a déduit qu'ils étaient trois, puisqu'ils ont offert trois cadeaux.
Ces mages venaient d'Orient, mais rien n'indique qu'ils étaient rois. Plus probablement, il s'agissait de personnages importants ayant une notoriété religieuse, scientifique, mais aussi politique.
Leur nombre aurait, en effet, été fixé à trois dans un écrit ancien d'Origène, qui se fonde sur le nombre de présents offerts au nouveau-né, et fait une analogie avec trois personnages, Abimélek, Ahuzzat et Pikol, rendant visite à Isaac.
Quant à leurs noms, ils sont apparus dans un manuscrit du VIe siècle : Bithisarea, Melichior et Gathaspa.

LES ANCIENS HABITANTS D'ISTANBUL ÉTAIENT GAULOIS

VRAI !

L'actuelle ville d'Istanbul en Turquie, ancienne capitale du pays jusqu'en 1923, année au cours de laquelle Ankara lui a ravi ce rôle pour des raisons stratégiques, a connu une histoire bien mouvementée.

La présence des Gaulois en Turquie et à Istanbul fut le fait d'Alexandre le Grand qui les employa comme mercenaires : ces Gaulois s'établirent à Ankara, ainsi qu'à Istanbul.

Ces Gaulois, appelés « Galates », étaient des Celtes qui avaient migré en Asie Mineure et s'y étaient installés, non sans avoir préalablement mis à sac toute la partie de la région baignée par la mer Égée. Ils baptisèrent « Galatie » la partie où ils posèrent leurs valises, et firent régner la terreur. Le nom de « Galates » est toujours présent à Istanbul, puisqu'un quartier entier de la ville s'appelle aujourd'hui « Galata ».

LES HÔTELIERS SONT RESPONSABLES EN CAS DE VOL DANS LEUR ÉTABLISSEMENT

VRAI !

Contrairement à ce qui est affiché dans de très nombreux établissements, les hôteliers sont bien responsables, en cas de vol, des objets qui leur sont confiés.
La petite pancarte affichée bien en évidence dans la chambre et qui tend à les dédouaner n'a strictement aucune valeur juridique.
Les hôteliers sont en effet responsables des vols commis sur des clients au sein de leur établissement : il existe même un régime de responsabilité spécifique, prévu aux articles 1952, 1953 et 1954 du Code civil.
Plus précisément, l'article 1953 du Code civil dispose que :
« Ils sont responsables du vol ou du dommage de ces effets, soit que le vol ait été commis ou que le dommage ait été causé par leurs préposés, ou par des tiers allant et venant dans l'hôtel.

Cette responsabilité est illimitée, nonobstant toute clause contraire en cas de vol ou de détérioration des objets de toute nature déposés entre leurs mains ou qu'ils ont refusé de recevoir sans motif légitime. Dans tous les autres cas, les dommages-intérêts dus au voyageur sont, à l'exclusion de toute limitation conventionnelle inférieure, limités à l'équivalent de cent fois le prix de location du logement par journée, sauf lorsque le voyageur démontre que le préjudice qu'il a subi résulte d'une faute de celui qui l'héberge ou des personnes dont ce dernier doit répondre. »

Les hôteliers sont ainsi tenus d'indemniser leurs clients qui ont été victimes d'un vol, et ce jusqu'à cent fois le prix de la nuit pour les objets volés au sein même de l'hôtel, et cinquante fois si le larcin a été commis dans une voiture garée sur le parking de l'hôtel, ce qui est prévu à l'alinéa 2 de l'article 1954 du Code civil. Il faut également savoir que ces plafonds de remboursement tombent si l'on arrive à démontrer que l'hôtelier, ou son personnel, a commis une faute.

NOIR, C'EST NOIR

FAUX !

IL NE FAUT PAS RÉVEILLER UN SOMNAMBULE

Parmi les troubles du sommeil, il en est un qui est fascinant, mais parfois aussi inquiétant : c'est le somnambulisme ; il affecte le sommeil paradoxal et profond.
Les crises de somnambulisme, dont les causes sont nombreuses, sont difficiles à traiter, surtout lorsqu'elles ne sont qu'occasionnelles.
Le somnambulisme se caractérise par une activité motrice pendant le sommeil : il n'est pas rare qu'un somnambule se lève, quitte son lit et se promène dans la maison ou parfois dans la rue. Certains somnambules se livrent même à des activités plus élaborées comme s'habiller, jouer un peu de musique, boire quelque chose ou parler. Il n'est pas rare non plus que le somnambule finisse par se cogner, ce qui le réveille ; dans ce cas, il retourne généralement se coucher bien tranquillement. Il est possible aussi qu'un somnambule se mette en danger

lui-même ou mette en danger son entourage pendant sa crise.
La légende, très tenace, dit qu'il ne faut pas réveiller un somnambule, en insistant sur le caractère mortel que pourrait occasionner un réveil brutal : un somnambule réveillé pourrait être victime d'un malaise, voire d'une crise cardiaque.
Eh bien, tout cela est une légende. S'il n'est généralement pas utile de réveiller un somnambule, à moins qu'il ne soit vraiment en situation périlleuse, cela n'est pas dangereux. Mieux vaut s'assurer qu'il retourne au dodo sans dommage direct ni collatéral.

L'ORDINATEUR ABÎME LES YEUX

FAUX !

Passer ses journées devant l'écran de l'ordinateur abîme les yeux, c'est ce dont tout le monde est persuadé.
Pourtant, c'est faux. Certes, les yeux sont mis à rude épreuve par l'écran de l'ordinateur,

c'est un fait. Mais ils ne sont pas abîmés par l'ordinateur. L'ordinateur peut assurément être à l'origine d'une fatigue oculaire, mais n'est pas directement responsable de troubles visuels.
Ce qui peut se produire lorsqu'on passe beaucoup de temps à fixer l'écran de l'ordinateur, c'est la survenance d'une sécheresse oculaire : le fait de regarder une source de lumière pendant un certain temps diminue la fréquence de clignement des yeux et peut provoquer l'évaporation des larmes. Dans ce cas, les yeux picotent, voire piquent, mais, une fois l'écran éteint, ce petit désagrément n'est plus qu'un mauvais souvenir.
Finalement, l'écran de l'ordinateur ne fait qu'accentuer des problèmes oculaires existants ou révéler des affections ou troubles oculaires qui ne se manifestaient pas auparavant.
L'ordinateur ne favorise donc pas la cataracte : à ce sujet, une équipe de scientifiques suédois a démontré qu'il faudrait rester environ six cent cinquante ans devant un écran d'ordinateur pour qu'il provoque une cataracte !

LES LEMMINGS SE SUICIDENT COLLECTIVEMENT

FAUX !

Les lemmings, ces petits rongeurs appartenant à la sous-famille des arvicolinés, ont la lugubre réputation de se suicider en masse, cela pendant leur période de migration. Les lemmings ont, c'est vrai, une petite tendance à choir des falaises ou à se noyer dans des rivières, mais cela est provoqué par des bousculades lorsqu'ils sont très nombreux. Comme quoi il faut toujours se méfier des mouvements de foule…

C'est un documentaire *White Wilderness* (*Le Désert de l'Arctique*), produit par Walt Disney, en 1958, qui est à l'origine de ce mythe : on y voyait ces pauvres petites bestioles se jeter du haut d'un précipice. Dans les faits, ces innocents rongeurs avaient été précipités dans le vide par les réalisateurs pour les besoins du film.

C'est ce mythe qui a inspiré les créateurs du jeu vidéo *Lemmings*.

IL EXISTE UN TAPAGE DIURNE, AU MÊME TITRE QUE LE TAPAGE NOCTURNE

VRAI !

Il n'y a pas que la nuit qu'on n'a pas le droit de faire du bruit. Tout le monde est persuadé qu'après 22 heures, il existe un tapage nocturne… et rien avant.

Mais le tapage diurne est un délit, équivalent au tapage nocturne.

Il y a tapage lorsque le bruit est répété dans la durée, à tout moment de la journée et qu'il dépasse un certain volume sonore.

Ainsi, le Code de la santé publique stipule dans son article R. 1334-31 qu'« aucun bruit particulier ne doit, par sa durée, sa répétition ou son intensité, porter atteinte à la tranquillité du voisinage ou à la santé de l'homme (…) ».

L'un de ces trois critères est suffisant pour constituer un tapage, et ce quelle que soit l'heure de la journée, et même en cas d'une

insuffisance d'isolation phonique dans un logement par exemple.
Le fait qu'il existe un tapage diurne, sanctionné sévèrement, n'empêche pas le tapage nocturne d'être défini en tant que tel. L'article R. 632-2 du Code pénal prévoit une amende de troisième classe, voire le versement de dommages et intérêts pour l'auteur de tapage nocturne, c'est-à-dire celui faisant trop de bruit depuis son habitation ou la voie publique, entre le coucher et le lever du soleil, à savoir entre 21 heures et 6 heures approximativement.

JUSQU'À UNE CERTAINE ÉPOQUE, LA MARIÉE ÉTAIT EN NOIR

VRAI !

Une mariée en noir, cela fait immanquablement penser au film de François Truffaut, adaptation d'un roman noir de William Irish, intitulé *The Bride Wore Black* publié en 1940. Mais pendant de longues années,

les mariées n'ont pas systématiquement porté du blanc le jour J.
Au Moyen Âge, l'usage n'était pas de porter une robe spécifique, spécialement cousue pour le mariage, mais la plus jolie robe que l'on possédait, quelle qu'en soit la couleur. Lorsque l'époux était veuf, sa nouvelle femme revêtait une robe noire. Dans certaines régions, des coutumes locales avaient instauré le mariage en noir, et ces coutumes ont perduré parfois jusqu'à la fin du XIXe siècle, dans le Morvan par exemple.
La robe blanche, et ses déclinaisons meringuées, est devenue courante pendant la seconde moitié du XIXe siècle, donnant aux femmes catholiques pratiquantes l'occasion d'affirmer leur virginité.

REGARDER LA TÉLÉVISION DE TROP PRÈS OU DANS LE NOIR ABÎME LES YEUX

FAUX !

Un jour, quelqu'un a décrété que regarder de trop près un écran de télévision ou d'ordinateur, allumé dans le noir complet sans source de lumière proche ou même dans une ambiance un peu trop tamisée, abîmait les yeux. Cette même personne a également affirmé que lire dans la pénombre causait des troubles de la vision. Et tout le monde l'a crue.

Pourtant, aucun de ces préceptes n'est vrai. Cette surutilisation des yeux qui leur serait préjudiciable n'est qu'une légende sans fondement scientifique. Les seuls cas avérés d'endommagement éventuel des yeux ont été constatés chez des personnes ayant regardé directement et longuement le soleil ou un rayon laser. Mais lire à proximité d'une source de lumière tamisée, regarder la télévision de trop près (ou de trop loin d'ailleurs !) ou dans l'obscurité n'a aucun effet permanent et irréversible sur la vision.

LE CHEVAL NE SE COUCHE QUE LORSQU'IL EST MALADE

FAUX !

Le cheval a la réputation de ne dormir que debout et, pis encore, certains affirment que seuls les chevaux malades dorment allongés. Si un cheval se couche et s'endort du sommeil du juste, doit-on en déduire pour autant que sa santé est défaillante ? Pas du tout !

Il est vrai que, la plupart du temps, le cheval dort debout, les yeux mi-clos : il est ainsi prêt à fuir en cas de danger. Dans ce cas, le sommeil de l'animal est très léger, alors que quand il se couche, c'est pour une sieste de plusieurs minutes. Mais, attention, le cheval pratique la sieste allongé à une seule condition : pour peu qu'il se sente en sécurité. Il n'est donc pas rare de le voir allongé tranquillement dans son box. Dans ce cas, pas de panique, il va très bien, merci !

FAUX !

AU COLISÉE, ON BAISSAIT LE POUCE POUR INDIQUER LA MISE À MORT DU GLADIATEUR

Ce qu'on retient des jeux au cirque de Rome, c'est notamment ce geste du pouce baissé pour signifier la mise à mort du gladiateur. Cette image du pouce baissé a d'ailleurs été reprise dans un tableau peint en 1872 par Jean-Léon Gérôme, intitulé *Pollice Verso*. Et, bien sûr, tous les péplums ont popularisé cette image, des spectateurs du cirque levant ou baissant leur pouce pour décider du sort du gladiateur. Ce fameux pouce est également devenu un grand classique dans les ouvrages de vulgarisation sur la vie quotidienne dans la Rome antique.

Cette vision n'est qu'un stéréotype, car il n'existe aucune trace littéraire ou artistique d'époque prouvant que ce geste était effectivement pratiqué et qu'il avait cette signification. Notamment aucun bas-relief ni aucune mosaïque représentant les combats de gladiateurs ne montrent la foule levant ou baissant le pouce.

Deux allusions assez vagues au pouce tourné, mais sans préciser toutefois dans quel sens, ont été faites dans deux récits poétiques antiques de Juvénal et Prudence.
En résumé : pouce tourné par la foule, peut-être, mais ce n'est pas certain ; quant à son sens, vers le haut ou vers le bas pour signifier la vie sauve ou la mort, c'est encore moins sûr.

LES AZTÈQUES ARRACHAIENT LE CŒUR DE LEURS VICTIMES SACRIFICIELLES

VRAI !

Les Aztèques étaient de vrais professionnels du sacrifice humain, qu'ils pratiquaient parfois à la chaîne et avec un degré de cruauté particulièrement élevé.
Les prêtres aztèques, pour honorer les dieux réputés se nourrir de sang, ou même pour s'assurer de bonnes récoltes ou la victoire lors d'une bataille à venir, arrachaient à mains nues le cœur de leurs victimes sacrificielles, la plupart du temps des prisonniers de guerre.

FAUX !

LE TAUREAU EST EXCITÉ PAR LE ROUGE

La corrida a un vrai côté « bling-bling » : couleur rouge vif, accessoires dorés, banderilles multicolores, habits de lumière du matador et *tutti quanti*...

D'ailleurs, pour commencer le combat, le matador agite une cape rouge devant le taureau. Du coup, tout le monde pense que c'est la couleur rouge qui excite le taureau, mais le pauvre animal ne distingue pas les couleurs ! Et non content de voir en noir et blanc, comme de nombreux mammifères, le taureau voit de surcroît complètement flou. Donc le fait d'agiter un tissu rouge devant lui ne l'énerve pas plus que brandir un drapeau blanc.

Et, finalement, le rouge énerve probablement plus l'homme que le taureau !

LES VOITURES NOIRES ONT PLUS D'ACCIDENTS QUE LES VOITURES BLANCHES

VRAI !

On a du mal à imaginer qu'il y a un lien de cause à effet entre la couleur du véhicule que l'on conduit et la probabilité d'avoir un accident de la circulation. Et pourtant, une étude australienne très sérieuse, menée par le Centre de recherche des accidents de l'université Monash de Melbourne, le démontre : une voiture noire présente 12 % de risques de plus qu'une voiture blanche d'avoir un accident en plein jour.

Les voitures grises ne sont pas mieux loties que les noires puisque le risque est de 11 % supérieur à celui des blanches, 10 % pour les voitures gris métallisé, 7 % pour les voitures rouges ou bleues.

LE RADEAU DE LA « MÉDUSE » VA DEVENIR NOIR

VRAI !

Le Radeau de la « Méduse », tableau peint par Théodore Géricault en 1819, vit des heures sombres, et pis encore : il va devenir noir. Une sacrée galère pour une œuvre d'art pourtant mythique, appartenant au patrimoine artistique français.

Le tableau, monumentale huile sur toile de près de 5 mètres sur 7, d'abord appelé *Scène de naufrage*, a été réalisé à base d'un pigment noir contenant du bitume. Ce bitume, « bitume de Judée », a fait et continue de faire des ravages dans les couches de peinture, dans lesquelles il s'est répandu, au point de les assombrir irrémédiablement.

LES GONDOLES DE VENISE SONT NOIRES PARCE QU'ELLES SERVAIENT À TRANSPORTER DES VICTIMES DE L'ÉPIDÉMIE DE PESTE NOIRE

FAUX !

S'il est une embarcation indissociable d'une ville, c'est bien la gondole.
Barque noire à fond plat pour le moins emblématique de la cité des Doges, la gondole existe depuis très longtemps et a été spécialement conçue pour traverser la lagune de Venise et ses hauts-fonds. Cet élégant et ancien bateau noir, conduit avec une seule rame, est construit selon des règles très strictes.
Beaucoup pensent que les gondoles sont noires parce qu'elles servaient à transporter les victimes de la terrible épidémie de peste noire qui sévit à Venise et dans toute l'Europe entre 1347 et 1351.

Il n'en est rien : à l'origine, les gondoles étaient un moyen pour les grandes familles vénitiennes de faire état de leurs richesses. Elles étaient donc outrageusement peintes et décorées. Au point qu'un décret de 1603 interdit les décorations et couleurs pour les gondoles ; elles durent toutes être peintes en noir, couleur qu'elles ont encore aujourd'hui.

LES YEUX PEUVENT RESTER BLOQUÉS QUAND ON LOUCHE

FAUX !

Combien d'enfants se sont vu menacer de « rester coincés » lorsqu'ils louchaient comme de beaux diables !
En réalité, il est absolument impossible que les yeux restent bloqués lorsqu'on louche. Le strabisme volontaire est donc totalement, et fort heureusement, réversible ; les parents font honteusement pression sur leurs enfants

pour qu'ils cessent de faire les pitres, tout simplement !
Le strabisme convergent (ou divergent, ou vertical) involontaire est en revanche un peu plus délicat à corriger, et les enfants qui y sont sujets doivent absolument être soignés, car il ne se résorbera pas de lui-même : les enfants atteints de strabisme devront en effet porter des lunettes ou des lentilles de contact, voire être opérés dans certains cas.

PIERRE CURIE
EST MORT RENVERSÉ PAR UN CHEVAL

VRAI !

Ce n'est pas la radioactivité ni les radiations qui ont tué à petit feu Pierre Curie. Le physicien, qui a pourtant manipulé moult matières hautement dangereuses pendant une grande partie de sa vie, a trouvé la mort brutalement, en se faisant renverser par une voiture à cheval. Le 19 avril 1906, en traversant la rue, il glissa sur la chaussée mouillée par la pluie et ne put éviter une voiture à cheval. Il avait 46 ans. Ce fut sa femme, Marie, qui reprit sa chaire à la Sorbonne et fut à cet égard la première femme nommée professeure dans cette prestigieuse université parisienne.

FAUX !

LES LYNX ONT UNE TRÈS BONNE VUE

C'est l'expression « avoir un œil de lynx » qui a entraîné la confusion, car le lynx est un félin dont la vue est loin d'être exceptionnelle. En fait, à l'origine, il n'était pas question de lynx dans l'expression, mais de Lyncée, héros de la mythologie grecque doté d'une vue exceptionnelle. La confusion s'est instaurée au Moyen Âge, en France, période pendant laquelle on pensait vraiment que le lynx avait une très bonne vue du fait des bandes noires et blanches entourant ses yeux et donnant de la profondeur à son regard. Du coup, le glissement sémantique s'est opéré et on s'est mis à parler d'un « œil de lynx ».

LES CHAUVES-SOURIS SONT AVEUGLES FAUX !

Les chauves-souris sont de petits mammifères volants à la réputation maléfique. Elles n'ont pas vraiment la cote auprès des humains, qui sont persuadés qu'elles s'accrochent dans les cheveux, se nourrissent de sang, construisent des nids pour s'y reproduire en toute quiétude, ou que ce sont des rongeurs qui attaquent les boiseries avec leurs petites dents acérées.
Cerise sur le gâteau, la chauve-souris traîne la réputation d'être aveugle ; certes, les bébés chauves-souris naissent aveugles, mais à l'âge adulte la chauve-souris ne l'est plus. Sa vision est complétée par son système étonnant d'écholocation, qui lui permet de se déplacer dans l'obscurité avec une agilité, une vitesse et une précision hors du commun.

LES CIMETIÈRES D'ÉLÉPHANTS EXISTENT

FAUX !

Il paraît que les éléphants d'Afrique se rendent d'eux-mêmes pour mourir dans des lieux baptisés assez logiquement « cimetières d'éléphants ».
Il paraît seulement, car le cimetière d'éléphants n'existe pas, les zoologistes spécialistes de ces pachydermes ont pu le démontrer.
C'est probablement la découverte de plusieurs squelettes d'éléphants regroupés aux mêmes endroits qui a conforté cette fausse croyance et fasciné les chasseurs d'ivoire et braconniers de tout poil pendant de longues années.

LA CATHÉDRALE DE WASHINGTON POSSÈDE UNE GARGOUILLE REPRÉSENTANT DARK VADOR

VRAI !

La cathédrale de Washington, sixième cathédrale la plus grande au monde, est un édifice religieux un peu à part, et pour cause, puisqu'on y trouve une étonnante gargouille à l'effigie de Dark Vador, le héros tellement méchant, Seigneur noir des Sith, le mal absolu.

Il faut dire que la cathédrale est loin d'être un édifice ancien, puisqu'elle a été achevée en 1990, soit quatre-vingt-trois ans après la pose de sa première pierre par le président Theodore Roosevelt.

Ce choix étrange est le résultat d'un sondage réalisé auprès d'enfants interrogés sur la personne incarnant pour eux le mieux le mal : ce fut Dark Vador qui fit l'unanimité.

LANGUES BIEN PENDUES

ÉMILE ZOLA A TITRÉ « J'ACCUSE » SON ARTICLE PUBLIÉ DANS L'AURORE AU MOMENT DE L'AFFAIRE DREYFUS

FAUX !

S'il est bien une manchette de presse qui a traversé le temps et que – presque – tout le monde connaît, c'est « J'accuse » titrant la lettre ouverte adressée par Émile Zola au président de la République Félix Faure et publiée par le journal *L'Aurore* pendant l'affaire Dreyfus.

Cette lettre et son titre ont certainement aidé à la réhabilitation du capitaine Dreyfus. Pourtant, si c'est Émile Zola qui a écrit cette magnifique et retentissante lettre, ce n'est pas lui qui en a trouvé le titre si percutant, mais Georges Clemenceau, qui travaillait alors comme rédacteur à *L'Aurore*.

VRAI !

« COURIR COMME UN DÉRATÉ » VIENT DU FAIT QU'ON ATROPHIAIT LA RATE DES ATHLÈTES PENDANT L'ANTIQUITÉ

On le sait maintenant, « rien ne sert de courir, il faut partir à point ». Certes.
Mais cela peut cependant être parfois vital de courir vite, voire très vite, comme un dératé.
L'adjectif « dératé » provient bien du mot « rate ».
En effet, pendant l'Antiquité, on estimait que c'était la rate qui était à l'origine des points de côté et de la douleur parfois aiguë qu'ils provoquaient.
Les premières boissons de « diététique » de l'effort furent donc mises au point, pour « consumer » la rate des coureurs. Bien plus tard, un courant médical né au XVIe siècle et mené par quelques chirurgiens audacieux prôna l'ablation pure et simple de la rate, du fait de son « inutilité » pour l'organisme.

« GAGEURE » SE PRONONCE COMME « MAJEURE »

FAUX !

Il n'y a, en apparence, aucune raison pour ne pas prononcer « gageure » comme « majeure », puisqu'on trouve à la fin de ces deux mots la même syllabe « eu », qui se prononce comme dans « heureux ».

Mais on le sait bien, il vaut mieux ne pas se fier aux apparences, surtout dans le domaine de la langue française et de sa prononciation, qui réserve parfois quelques surprises. Il se trouve que « gageure » est une exception (qui confirme la règle !) : « gageure » est le substantif du verbe « gager ». Dans « gageure », le « e » placé entre le « g » et le « u » sert à transformer le « g » en « j » ; le « e » de « gageure » est donc un « e » muet, exactement comme dans « badigeon ». Le « geure » de « gageure » se prononce comme « jure ».

CAMBRONNE A DIT « MERDE »

FAUX !

Pierre Cambronne est plus connu pour avoir dit « Merde ! » que pour ses faits d'armes. On retient de lui essentiellement ce mot, devenu couramment le « mot de Cambronne ».

Pourtant, le général Pierre Cambronne et son bataillon résistèrent honorablement aux assauts anglais pendant la bataille de Waterloo, le 18 juin 1815. Il fut à cette occasion blessé et d'ailleurs laissé pour mort. Après cette offensive anglaise, un journaliste rapporta que les assaillants d'outre-Manche envoyèrent un émissaire au général mal en point pour lui demander sa reddition. Sa réponse fut sans appel, elle est d'ailleurs restée célèbre : « La Garde meurt, mais ne se rend pas » ; puis, essuyant à nouveau le feu anglais, le (trop ?) fameux « Merde ! ». Mais Cambronne lui-même a toujours nié avoir tenu ces propos. D'ailleurs, le journaliste avoua rétrospectivement s'être un peu emballé en prêtant ces phrases mythiques au général en mauvaise posture.

LE PLURIEL DU MOT « AIL » S'ÉCRIT DE DEUX MANIÈRES DIFFÉRENTES

VRAI !

Le mot « ail » s'écrit de deux manières différentes au pluriel.
Lorsqu'on désigne l'ail utilisé comme condiment en cuisine, on doit écrire les « aulx », alors que lorsqu'on désigne la plante, en botanique, on doit écrire les « ails ».
Cette improbable subtilité de la langue française est une anomalie, puisque « aulx » devrait s'écrire « aux ».
Pour éviter de se compliquer la vie, on peut aussi n'employer le mot « ail » qu'au singulier, ce qui est fréquemment le cas.

FAUX !

LA PHRASE FAVORITE DE SHERLOCK HOLMES EST : « ÉLÉMENTAIRE, MON CHER WATSON ! »

Jamais de la vie !
La preuve : cette phrase, que Sherlock Holmes est réputé prononcer, n'a même jamais été écrite par Arthur Conan Doyle, le romancier créateur du personnage. En fait, Sherlock Holmes dit de temps à autre « Élémentaire ! » (*Elementary* en version originale).
Il s'agit donc typiquement d'une citation apocryphe, attribuée par erreur. Elle a été prononcée pour la première fois dans une adaptation cinématographique d'une des aventures du détective, *Le Retour de Sherlock Holmes*, réalisée en 1929 par Basil Dean.

« AUJOURD'HUI » EST UN PLÉONASME

VRAI !

Aujourd'hui est un mot bizarre, puisqu'en réalité il contient tout simplement deux fois le mot « jour ». L'adverbe « hui », issu du latin *hodi,* signifie « ce jour », accolé à « au jour » : c'est donc fort logiquement que « aujourd'hui » signifie littéralement « au jour de ce jour ».

Il s'agit d'un fort joli pléonasme, qui rend l'expression « au jour d'aujourd'hui », trop souvent usitée de nos jours, encore plus incorrecte qu'elle ne l'est déjà, inutile d'en rajouter !

ANDRÉ MALRAUX
A DIT : « LE XXIe SIÈCLE SERA RELIGIEUX OU NE SERA PAS. »

FAUX !

Cette citation ultra connue est attribuée à André Malraux, autodidacte, aventurier, écrivain et homme politique français, né à Paris en 1901 et mort à Créteil en 1976.
Mais le hic, c'est qu'André Malraux, auteur de *La Voie royale* et de *La Condition humaine*, n'a jamais prononcé cette phrase ; elle le poursuit encore, plus de trente ans après sa disparition.
Profondément athée, André Malraux évoqua la possibilité, ou la probabilité, d'une « révolution spirituelle » au XXIe siècle. Mais il récusa fermement avoir prononcé cette phrase, dont le ton prophétique l'agaçait plus qu'autre chose...

« CHALLENGE » SE PRONONCE À L'ANGLAISE

FAUX !

Ah ! ces défis que l'on aime relever ! Ces fameux « challenges » que l'on prend un certain plaisir à prononcer à l'anglaise !
Il est vrai que prononcé à la française, le mot perd un peu de son relief, paraît nettement moins percutant et moins à la hauteur que ce qu'il représente. Pourtant, « challenge » est un mot français, par ailleurs très ancien.
« Challenge », issu du latin *calumniare*, fut d'abord utilisé en France sous la forme « chalonge » et ce dès le Moyen Âge. À cette époque, le « chalonge » était une accusation publique, une calomnie, une réclamation en justice, et déjà un défi (ou duel).
Son sens a donc bien peu changé, et ce sont les Anglais qui l'ont emprunté aux Français, pour le leur rendre sous sa forme actuelle de « challenge ».
La prononciation, assez récente, à l'anglaise est erronée.

LE MOT « MAYONNAISE » VIENT D'UNE LOCALITÉ DES BALÉARES

VRAI !

La mayonnaise, fameuse sauce froide à base de jaune d'œuf et d'huile, est déclinée en nombreuses variantes, qui lui permettent d'accompagner idéalement les crudités, les viandes et poissons froids, les œufs durs ou d'agrémenter le pain des sandwichs.
L'origine du mot a longtemps donné lieu à d'âpres discussions de linguistes distingués : le mot « mayonnaise » vient de Mahón ou Port-Mahon, capitale de l'île de Minorque, dans l'archipel espagnol des Baléares.
Initialement, il ne s'agissait pas de « mayonnaise », mais bel et bien de « mahonnaise », qui fit vraisemblablement son apparition sur les tables au cours de la seconde moitié du XVIIIe siècle.
La ville de Port-Mahon, par son positionnement stratégique en Méditerranée, fut l'objet de nombreux affrontements entre

les Français et les Anglais, au cours du XVIIIe siècle.
Alors qu'elle était aux mains des Anglais depuis de nombreuses années, elle leur fut reprise par les Français, menés par le duc de Richelieu, petit-neveu du cardinal, le 28 juin 1756. Il réussit à accomplir cet exploit militaire en employant des méthodes assez peu orthodoxes, faisant boire de l'eau-de-vie à ses troupes pour les galvaniser avant qu'elles donnent l'assaut.
Après cette victoire retentissante, le duc se fit servir de nombreux plats et assaisonnements, dont cette nouvelle sauce, qu'il trouva à son goût au point de la baptiser « mahonnaise », en hommage à la victoire tout juste obtenue.

LES GOÛTS SONT PERÇUS À DIFFÉRENTS ENDROITS DE LA LANGUE

FAUX !

Beaucoup d'entre nous pensent que la perception des différents goûts est exclusivement due aux papilles qui tapissent la surface de la langue : chacun des quatre grands goûts – salé, sucré, amer et acide – serait associé à un type de papilles, situées sur quatre zones différentes de la langue. Pendant très longtemps, et encore aujourd'hui, on a dessiné de très jolies cartes de la langue représentant les zones en question.

Cette cartographie de la langue n'est qu'une schématisation outrancière, et elle est fausse ! Elle serait due à une erreur dans la traduction, en 1942, par Edwin G. Boring, psychologue américain, des travaux réalisés au début du XXe siècle par un scientifique allemand, le professeur Häning. Malgré les nombreuses rectifications effectuées par la suite, cette grossière erreur a continué de se propager : aujourd'hui encore, d'ailleurs, certains spécialistes en œnologie s'appuient sur cette fausse carte pour expliquer les modalités de perception des saveurs et goûts du vin.

En se basant sur cette cartographie sensorielle fictive, on associe un peu trop vite la perception du goût aux seules papilles. Pourtant on estime que la langue est responsable à 10 % seulement de la sensation gustative, contre 90 % pour le système rétro-nasal. L'odorat joue donc un rôle essentiel dans la perception des goûts !

Les récepteurs chimiques du goût situés dans les papilles de la langue ne sont spécialisés ni par zone géographique de la langue ni par type de goût : ainsi un même récepteur peut percevoir successivement les goûts sucré et salé, par exemple. Les papilles transmettent en réalité un ensemble d'informations concernant le goût, et pas seulement les quatre grandes saveurs.

LE « G » D'IMBROGLIO SE PRONONCE COMME DANS « GLISSER »

FAUX !

Le « g » d'imbroglio n'est pas un « g » muet : il se prononce comme dans « glissade » ou « hiéroglyphe », par exemple. Cette certitude est une faute de prononciation commise par une grande majorité de la population. En réalité, le « g » d'*imbroglio*, de la même manière que celui de « tagliatelles », est un « g » muet. Ce « g » passé sous silence provient du fait que le mot *imbroglio* est italien, et qu'il est dérivé du verbe « imbrogliare » signifiant « embrouiller ».
Lorsqu'il y a imbroglio, il y a, à n'en pas douter, confusion, situation embrouillée. La prononciation correcte, c'est-à-dire proche de la prononciation italienne, fait donc l'impasse sur le « g », même si la francisation conduit à un « g » bien sonore.

VRAI !

« FAIRE UNE COUPE SOMBRE » SIGNIFIE PROCÉDER À UNE PETITE SUPPRESSION OU DIMINUTION

Les contresens ne manquent pas dans la langue française : celui des « coupes sombres » en est un exemple assez frappant.
Lorsqu'on parle de « coupes sombres », on fait référence à de fortes diminutions, qu'elles concernent un texte, les effectifs d'une entreprise ou d'une administration ou les budgets.
En réalité, la « coupe sombre » désigne en jargon forestier une coupe partielle, appelée « coupe d'ensemencement », destinée à faire de la place pour les semis pour favoriser la pousse d'autres arbres. Rien à voir avec une déforestation massive donc, bien au contraire.
C'est probablement la connotation négative, menaçante, inquiétante, qui a fait que l'on a fini par employer cette expression avec un sens opposé à sa signification initiale.

ON DIT « FUMER COMME UN POMPIER » PARCE QUE LES POMPIERS SONT DE GROS FUMEURS

FAUX !

Les grands fumeurs, complètement accros à la cigarette, sont réputés « fumer comme des pompiers » ou « fumer comme des sapeurs ». Ces expressions familières et très imagées qui désignent les personnes grandes consommatrices de tabac pourraient laisser penser que les pompiers sont également de grands fumeurs.

Il n'en est rien : les vaillants soldats du feu n'ont pas une propension à fumer supérieure au reste de la population.

Deux séries d'explications sont avancées pour l'origine de cette expression : autrefois, l'utilisation des pompes à vapeur dans les rues de Paris, notamment pour circonscrire les incendies, créait d'épais nuages de vapeur et, surtout, de fumée, donnant l'impression que les pompiers eux-mêmes fumaient.

L'autre hypothèse fait référence aux tenues vestimentaires des sapeurs-pompiers qui, lorsqu'elles n'étaient pas encore ignifuges, étaient enduites d'une couche de graisse protectrice avant que les pompiers affrontent les flammes. Cette graisse, sous l'effet de la chaleur du feu, se transformait en fumée.

L'HYMNE NATIONAL ESPAGNOL N'A PAS DE PAROLES

VRAI !

Les sportifs en chambre doivent prendre les Ibères pour de vrais ignares : ils fredonnent leur hymne national !
Et pour cause, puisque cet hymne national et royal, appelé *La Marcha Real* ou « La Marche royale », n'a pas de paroles officielles, alors qu'il est l'un des plus anciens d'Europe. Cela fait donc plusieurs siècles que cet hymne n'est qu'une mélodie, certes facilement reconnaissable, et dont il n'est pas possible d'oublier les paroles.

La première partition imprimée de *La Marcha Real* date de 1761, et s'appelait à l'époque *La Marcha Granadera,* ou « La Marche des Grenadiers ». Son compositeur est inconnu.
En 1770, cette marche fut introduite par le roi Charles III dans les cérémonies royales ou événements auxquels la famille royale participait. Petit à petit, les Espagnols ont fait de cette marche leur hymne national.
Au XXe siècle, la mélodie connut encore quelques vicissitudes puisqu'elle fut remplacée entre 1931 et 1939 par *El Himno de Riego,* puis rétablie par Franco à la fin de la guerre civile. Le dictateur espagnol fit écrire des paroles, apprises dans les écoles, et appela l'hymne de son nom initial *La Marche Granadera.*
Après le régime franquiste, l'hymne fit officiellement son retour, sans ses paroles de triste mémoire pour le pays.
Depuis, à plusieurs reprises, on a tenté d'agrémenter la mélodie de paroles, en vain, notamment du fait d'antagonismes régionaux entre les Catalans, les Basques ou les Galiciens. La dernière tentative remonte à 2011 à l'initiative du Comité olympique espagnol, qui organisa un concours, mais les résultats furent peu concluants.

VRAI !

« NAGUÈRE » SIGNIFIE « IL Y A PEU DE TEMPS »

La plupart du temps, on utilise « naguère » en lieu et place d'« autrefois ». Il est vrai que « naguère » a justement une petite connotation patinée.

En réalité, et contrairement aux apparences, « naguère » signifie « il y a peu de temps ». « Naguère » est tout simplement la contraction d'« il n'y a guère » de temps, soit littéralement « il y a peu de temps »… « récemment » en quelque sorte !

LE COMPTE EST BON

FAUX !

ON DEVIENT PROPRIÉTAIRE DE CE QUE L'ON TROUVE AU BOUT D'UN AN ET UN JOUR

Lorsqu'on trouve un objet appartenant à quelqu'un d'autre, qui l'a donc perdu, il est de bon ton d'apporter ledit objet orphelin au service des objets trouvés, qui est en fait le lieu où sont conservés les objets perdus dans l'attente que leur propriétaire vienne les récupérer. D'ailleurs, la plupart des grandes villes françaises, ainsi que les entreprises de transport public, possèdent leur propre service des objets trouvés. Ce n'est donc pas une spécificité parisienne. Les objets sont conservés plus ou moins longtemps selon le lieu où ils sont perdus et selon leur valeur.

Il a été décrété par de nombreux petits malins, « inventeurs » – c'est le terme approprié – d'objets égarés, que ceux-ci devenaient leur propriété après un délai d'un an et un jour,

dans la mesure où personne n'était venu les réclamer.
Mais ce n'est pas aussi simple : certes, l'objet peut en effet être remis à son inventeur au bout d'un an et un jour, mais cela ne transfère pas pour autant la propriété de l'objet. Si jamais l'inventeur a revendu l'objet, histoire de mettre un peu de beurre dans les épinards, le propriétaire dispose encore d'un délai de trois ans pour revendiquer son bien auprès de l'acheteur. Si l'inventeur a conservé l'objet, le propriétaire dispose d'un délai de cinq ans pour le réclamer.
Il faut donc plus d'un an et un jour pour posséder ce que l'on a trouvé.

FAUX !

JÉSUS-CHRIST EST NÉ UN 25 DÉCEMBRE

Pour une bonne partie de l'humanité, Jésus-Christ est né un 25 décembre : c'est d'ailleurs ce jour-là qu'on fête sa naissance et Noël.
Mais la date de naissance officielle du Christ n'est pas connue !

Il semblerait que cette date ait été choisie au IVe siècle de notre ère par le pape Libère. En fixant la célébration de Noël le 25 décembre, il s'agissait de dissuader les païens de fêter le *Sol Invictus*, c'est-à-dire le solstice d'hiver et avec lui les jours qui rallongeaient. Religieusement, le symbole était fort : faire coïncider la naissance du Christ avec la fin de l'hiver correspondait au triomphe de la lumière sur les ténèbres.
Autre certitude à faire voler en éclats, celle concernant le jour exact de la naissance de Jésus-Christ : outre le fait qu'il y a une chance sur 365 pour que Jésus-Christ soit né un 25 décembre, il n'est pas non plus né en l'an 0, qui n'a jamais existé. Il n'est pas né non plus en l'an 1, mais probablement entre 5 et 7 avant… lui-même !

VRAI !

LA LONGUEUR TOTALE DE TOUT L'ADN D'UN INDIVIDU ÉQUIVAUT À PRÈS DE 3 MILLIONS DE FOIS LE TOUR DE LA TERRE

Le corps humain est plein de surprises, plus ou moins ragoûtantes, mais permet de se livrer à d'amusants calculs dont les résultats peuvent être vraiment surprenants.
L'ADN, acide désoxyribonucléique, est une molécule particulièrement complexe, sorte de « code », qui donne la clé de tous les êtres vivants.
Chaque individu abrite dans ses cellules un noyau, qui comporte le même ADN. Dans chacun de ces noyaux, les molécules d'ADN sont très serrées et repliées, au point même qu'on évoque les concernant un « superenroulement ».
Du coup, certains petits malins se sont amusés à imaginer quelle longueur ferait l'ADN complètement déplié d'un individu : ils en ont déduit, compte tenu du nombre

de cellules contenues dans le corps humain, environ 60 000 milliards, que leur ADN déplié et mis bout à bout permettrait de couvrir 300 000 fois la distance Terre-Lune (environ 400 000 kilomètres), soit 3 millions de fois le tour de la Terre (40 000 kilomètres) !
Pour la petite histoire, le contenu de l'ADN mis sous forme d'une encyclopédie tiendrait dans 500 volumes de 800 pages chacun.

FAUX !

LES CHIFFRES ARABES ONT ÉTÉ INVENTÉS PAR LES ARABES

Il y a une certaine cohérence à considérer que ces chiffres et nombres « arabes » que nous connaissons si bien et qui nous sont indispensables dans notre vie quotidienne, ont été inventés par les Arabes.
Pourtant ce n'est pas le cas, et il faut rendre à César – ou plutôt à l'Inde – ce qui lui appartient : les vrais inventeurs de la numérotation

décimale ne sont pas les Arabes, mais les Indiens.
Dès le IIIe siècle avant notre ère, les Indiens conçurent et utilisèrent les chiffres que l'on appelle chiffres « arabes ». Les Arabes n'ont pas inventé ces chiffres à proprement parler, mais ont contribué à leur propagation dans le monde occidental, ce qui est fondamental. Les Arabes se sont approprié les chiffres indiens, probablement au VIIe siècle, puis les ont exportés en Occident. Les chiffres et le système de numérotation ont remplacé progressivement les chiffres romains, définitivement au Xe siècle.

AUX PÔLES, LA NUIT DURE SIX MOIS

FAUX !

Cette fausse croyance repose sur une déduction hâtive liée à l'inclinaison de l'axe de rotation de la Terre : chaque pôle est éclairé six mois d'affilée. Et si chaque pôle est éclairé pendant six mois, *a contrario*,

chaque pôle est plongé dans l'obscurité pendant les six autres mois !
En réalité, la nuit polaire, comme toutes les nuits d'ailleurs, est précédée par un crépuscule, dont la durée peut être très longue : elle varie selon la saison et, surtout, selon le point géographique du Globe où l'on se trouve. La nuit ne commence véritablement qu'une fois le crépuscule fini et le soleil couché à 12 ° degrés sous l'horizon : au pôle Nord, le 21 septembre au soir, le soleil commence à se coucher, et il ne sera sous l'horizon que… deux mois plus tard ! La nuit polaire, noire comme on l'imagine, ne démarre effectivement qu'au 21 novembre, précédée de deux mois de crépuscule. Puis il faudra attendre le 21 janvier pour que le soleil se lève de nouveau. La nuit totalement noire sera tombée sur le pôle pendant deux mois et non six.

LA HAUTEUR D'UN ÉLÉPHANT EST ÉGALE À DEUX FOIS LA CIRCONFÉRENCE DE SON PIED

VRAI !

Quiconque aura déjà mesuré la hauteur totale d'un éléphant, depuis le sol jusqu'à son dos, ne se trompera pas en affirmant que celle-ci est égale à deux fois la circonférence de son pied. Et cette étrange règle que l'on n'apprend pas à l'école, et qui pourtant peut se révéler fort utile, marche à tous les coups.

Pour connaître la hauteur d'un éléphant, il faut donc se munir d'un solide mètre-ruban, mesurer la circonférence du pied de la grosse bête, puis tout bêtement multiplier cette mesure par deux.

LE XXIe SIÈCLE A COMMENCÉ EN L'AN 2000

FAUX !

Quand a débuté le XXIe siècle ?

À question évidente, réponse simple : le 1er janvier 2000 bien entendu !

C'est archifaux !

Tout simplement parce qu'il n'y a jamais eu d'année 0 : autrement dit, le Ier millénaire a commencé en l'an 1 et s'est achevé en l'an 1000. Le IIe millénaire a donc débuté en l'an 1001 et s'est achevé en l'an 2000. Le IIIe millénaire a commencé en 2001.

Le raisonnement est identique pour les siècles : le Ier siècle a commencé en l'an 1 pour s'achever en l'an 100, le IIe siècle a débuté en l'an 101 et s'est terminé en 200, et ainsi de suite jusqu'au XXe siècle, qui a commencé en 1901 et a duré jusqu'en 2000.

Le XXIe siècle a donc commencé au 1er janvier... 2001 !

LA LONGUEUR TOTALE DES CÂBLES DU GOLDEN GATE BRIDGE DE SAN FRANCISCO CORRESPOND À TROIS TOURS DE LA TERRE

VRAI !

Le Golden Gate Bridge est le pont orangé qui relie la ville de San Francisco au le nord de la baie. Immense ouvrage d'art mondialement connu, le pont fait partie des plus photographiés au monde et a été inscrit par l'American Society of Civil Engineers sur la liste des sept merveilles du monde moderne. Durant sa construction – achevée en 1937 –, qui dura vingt ans, 11 ouvriers perdirent la vie. Toutes les dimensions de ce pont donnent le vertige : 67 mètres au-dessus du niveau de l'eau, 2 737 mètres de long, un tablier central de 1 966 mètres, 27 mètres de large, un poids total actuel de 887 000 tonnes, des

pylônes se trouvant à 152 mètres au-dessus de la chaussée, 600 000 rivets sur chaque tour. Pour ancrer solidement un pont pareil, il fallait des câbles qui tiennent la route ! C'est pourquoi les câbles de l'édifice n'échappent pas non plus au gigantisme, bien au contraire.
Deux principaux câbles passent au-dessus du sommet des pylônes et sont plantés dans le béton à chaque extrémité du pont : ces câbles font 0,92 mètre de diamètre et 2 332 mètres de long. Ces deux câbles sont constitués de 27 572 brins de fils d'acier, qu'il a fallu tresser, ce qui a pris plus de six mois !
Au total, la longueur des câbles avoisine donc 129 000 kilomètres, soit trois fois le tour de la Terre !

FAUX !

LORS DE LA PRISE DE LA BASTILLE, DES CENTAINES DE PRISONNIERS FURENT LIBÉRÉS

La portée historique de la prise de la Bastille, le 14 juillet 1789, tend à faire croire que des milliers d'insurgés sont allés libérer des centaines de prisonniers de la forteresse parisienne.
En réalité, il n'y avait que sept captifs emprisonnés dans la forteresse de la Bastille, le jour où celle-ci fut prise : deux fous, Tavernier et De Whyte ; un débauché, le comte Hubert de Solages ; quatre faussaires, Béchade, Laroche, La Corrège et Pujade.

LA GIRAFE A AUTANT DE VERTÈBRES CERVICALES QUE L'ÊTRE HUMAIN

VRAI !

Le cou démesurément long de la girafe, pouvant parfois atteindre 2 mètres, pourrait laisser croire que sa colonne vertébrale renferme bien plus de vertèbres cervicales que celle de l'être humain.
Cette impression visuelle fait que l'on peine à imaginer que la girafe compte autant de vertèbres que l'être humain. Pourtant, c'est bel et bien le cas : les vertèbres du cou de la girafe sont au nombre de 7, et mesurent environ 40 centimètres chacune.
Ceci explique donc cela.

ON PEUT S'INTERDIRE VOLONTAIREMENT ET OFFICIELLEMENT D'ENTRER DANS UN CASINO

VRAI !

Les personnes souffrant d'addiction aux jeux d'argent peuvent se mettre en danger et entraîner leurs proches dans leur descente aux enfers. Pour celles qui sont incapables de s'en sortir et de ne pas entrer dans le premier casino qu'elles croisent sur leur chemin, il est possible de demander à se faire interdire de salles de jeux.
Cette démarche personnelle se fait sur la base du volontariat : l'interdiction de jeux peut ne concerner qu'un seul casino ou couvrir l'ensemble des casinos du territoire national. L'interdiction volontaire de jeux est valable pendant trois ans : la personne qui souhaite en bénéficier doit adresser un courrier au Bureau des cercles et des jeux du ministère de l'Intérieur, qui, au terme d'une procédure assez simple, vérifiera notamment si le demandeur n'est pas sous tutelle, et procédera à l'inscription sur le fichier confidentiel des personnes interdites de jeux.

LA COLONNE DE JUILLET, PLACE DE LA BASTILLE, A ÉTÉ ÉRIGÉE EN SOUVENIR DU 14 JUILLET 1789

FAUX !

La prise de la forteresse de la Bastille, le 14 juillet 1789, fut l'un des événements majeurs et ô combien riche en symboles de la Révolution française. Pourtant, la colonne qui trône au milieu de la place de la Bastille n'a pas été érigée en souvenir du 14 juillet 1789.

C'est le roi Louis-Philippe qui décréta, en 1833, qu'une colonne serait édifiée au centre de la place de la Bastille, en hommage aux révolutionnaires morts pendant les « Trois Glorieuses », ces trois jours d'insurrection parisienne de juillet 1830 qui conduisirent au règne de Louis-Philippe.

D'ailleurs, des bas-reliefs représentant les trois dates – 27, 28 et 29 juillet – ornent le piédestal, et sur la colonne sont inscrits en lettres d'or les noms des 615 combattants de l'insurrection.

EN ANGLETERRE, LA MINUTE DE SILENCE DURE DEUX MINUTES

La première minute de silence de l'Histoire fut celle observée à l'occasion des cérémonies de l'armistice de la Première Guerre mondiale, le 11 novembre 1919.

En Angleterre, cette minute en dura deux, l'une consacrée aux morts, et l'autre aux survivants.

Si le principe de la minute de silence a été repris dans de nombreux pays, sa durée est cependant variable, très généralement de deux minutes en Angleterre et dans la plupart des pays anglo-saxons.

La minute de silence, qu'elle dure effectivement une minute comme c'est le cas en France, ou deux fois plus longtemps, permet de se recueillir sans connotation religieuse.

IL EXISTE TROIS ESPÈCES DE MOUSTIQUES ENDÉMIQUES DANS LE MÉTRO DE LONDRES

VRAI !

Jusque dans les couloirs et les rames de métro, à Londres comme à Paris, les moustiques prolifèrent.
Ils prolifèrent tant et si bien qu'il existe désormais des espèces endémiques au métro de Londres. Ces moustiques ont été piégés dans les souterrains lors de la construction du métropolitain, à la fin du XIXe siècle.
À l'époque, on ne recensait à Londres qu'une seule espèce de moustique, qui vivait en surface. Mais certains d'entre eux ont investi les souterrains, se complaisant dans l'atmosphère chaude et humide des couloirs du métro.
En une centaine d'années, de nouvelles espèces sont apparues, ne se reproduisant et ne vivant que dans le métro londonien. Les scientifiques ont d'ailleurs constaté que

ces moustiques avaient muté génétiquement, pour s'acclimater à leur mode de vie exclusivement souterrain.
De plus, les chercheurs ont également observé des différences notables avec les espèces de moustiques vivant en surface, les *Culex pipiens* en concluant que trois nouvelles espèces endémiques au métro de Londres étaient nées.

FAUX !

UNE ANNÉE CHEZ LE CHIEN ÉQUIVAUT À SEPT ANNÉES CHEZ L'HUMAIN

Ceux qui ont un chien le savent, ceux qui n'en ont pas le savent sûrement aussi : pour connaître l'équivalent en années humaines de celles d'un chien, il suffit de multiplier l'âge de l'animal par sept. Cette méthode de conversion donne des âges spectaculaires aux canidés ; cependant elle n'est pas exacte, car bien trop expéditive.

Il faut en réalité tenir compte de la race, de la taille et du poids du chien adulte. Lorsqu'il a six mois, un chien de petite taille (jusqu'à quinze kilogrammes) a l'équivalent de quinze ans pour un homme. Un chien de taille moyenne ou grande (entre quinze et quarante-cinq kilogrammes), de six mois, a dix ans, tandis qu'un très grand chien (plus de quarante-cinq kilogrammes), de six mois, a environ huit ans.
La fameuse règle de la multiplication par sept est donc assez approximative : elle ne permet pas de calculer de manière fiable l'âge d'un chien en équivalent humain.

VRAI !

L'AIRE TOTALE DES ALVÉOLES PULMONAIRES D'UN INDIVIDU PEUT AVOISINER LA SURFACE D'UN COURT DE TENNIS

Les alvéoles pulmonaires qui recouvrent les poumons jouent un rôle crucial dans la respiration, puisqu'elles permettent les échanges gazeux entre l'air et le sang.
Chaque poumon est recouvert de 300 à 350 millions d'alvéoles, dont la surface unitaire est d'environ 0,3 millimètre carré, ce qui donne pour chaque poumon une aire alvéolaire d'environ 105 mètres carrés.
Une simple multiplication, 350 millions x 0,3 millimètre carré, permet de mesurer des alvéoles pulmonaires : 105 millions de millimètres carrés, soit 105 mètres carrés.
Pour les deux poumons, cela donne environ 210 mètres carrés, soit à peu près la superficie du court de tennis en simple.
Cette surface gigantesque, associée à la minceur de la barrière alvéolaire, favorise le passage rapide de l'oxygène de l'air dans le sang.

LA DOTATION OFFICIELLE DU PRIX GONCOURT EST DE 10 EUROS

VRAI !

Chaque année, le monde littéraire – auteurs, maisons d'édition, librairies, critiques – est en effervescence, pendant toute la saison des fameux prix littéraires.
Et le plus fameux d'entre eux, le prix Goncourt, est décerné par les membres de l'académie Goncourt à l'auteur qu'ils estiment être le plus méritant.
Le fait pour un auteur d'obtenir le prix Goncourt lui permet de vendre ses livres à plusieurs centaines de milliers d'exemplaires, générant de substantiels droits d'auteur.
En revanche, contrairement à ce que l'on pourrait penser, le fait d'obtenir le prix n'est pas rémunérateur en soi : la dotation versée au lauréat par l'académie est purement symbolique, puisque l'écrivain se voit remettre un chèque de… 10 euros.

FAUX !

LES HEURES DE SOMMEIL AVANT MINUIT COMPTENT DOUBLE

Ah ! l'effet magique des heures de sommeil avant minuit, celles qui résoudraient tous les problèmes de sommeil et feraient que l'on se sentirait tellement bien au réveil ! Dommage, il n'y a aucun effet magique, aucun effet du tout, d'ailleurs. Le sommeil avant l'heure fatidique de minuit n'est pas plus réparateur qu'après ! Ce qui compte, c'est bien le nombre d'heures passées à dormir. Et ce nombre doit être cohérent avec l'horloge biologique de chacun ; il y a donc un rythme idéal à trouver, adapté à chaque personne, et ce indépendamment de l'heure du coucher.

Cette fausse croyance sur les bienfaits des heures de sommeil avant minuit repose très certainement sur une mauvaise compréhension ou interprétation des différentes phases du sommeil.En début de nuit, le sommeil est plus profond et son cycle dure plus longtemps. Mais les cycles se succèdent de la même manière que l'on se couche avec

les poules ou à une heure beaucoup plus avancée de la nuit.
Cela étant, les conditions du coucher sont importantes pour passer ensuite une bonne nuit : calme et détente, absence de lumière, température idéale de la chambre à coucher contribuent notamment à un sommeil serein et réparateur.

UN CHÈQUE PEUT ÊTRE RÉDIGÉ SUR N'IMPORTE QUEL SUPPORT

VRAI !

Les Français aiment bien payer leurs achats en chèque, même si ce moyen de paiement est de moins en moins utilisé au profit des cartes bancaires.
En août 2010, un tailleur de pierre de la région lyonnaise a décidé de régler sa prime d'assurance en établissant un chèque sur une pierre de 300 kilogrammes : il s'agissait

pour l'artisan de montrer son désaccord avec son assureur, qui n'a que très moyennement apprécié ce geste.

Indépendamment du côté pour le moins symbolique de ce geste, il faut malgré tout savoir qu'en théorie un chèque peut être établi sur n'importe quel support, ticket de métro, serviette en papier, bout de nappe d'un restaurant, enveloppe usagée, bloc de pierre, planche de bois, etc., et ce à condition de comporter un certain nombre de mentions obligatoires.

Doivent ainsi figurer la mention « chèque », l'ordre, la somme à payer, en chiffres et en lettres, le nom de l'établissement bancaire de l'émetteur du chèque, le lieu de paiement et de création du chèque, la date de création du chèque et la signature manuscrite de l'éditeur.

En pratique cependant, ce genre de chèque qui sort de l'ordinaire est peu utilisé, parce que les banques lui appliquent des frais de traitement supplémentaires. De plus, le contrat signé avec l'établissement bancaire de l'émetteur doit le permettre, ce qui est de moins en moins souvent le cas.

LES NUMÉROS INSCRITS SUR LES BOULES DE BOWLING CORRESPONDENT À LEUR POIDS

VRAI !

L'objectif du bowling est de faire tomber 10 quilles disposées en bout de piste. Pour ce faire, le joueur, équipé de chaussures adaptées, doit envoyer dans ces quilles des boules, percées de trois trous, pour permettre de mieux les agripper.

Ces fameuses boules sont assez lourdes, puisque leur poids varie de 6 à 16 livres (2,8 à 7,258 kilogrammes). De même, il existe plusieurs tailles, qui correspondent non pas à des diamètres différents, mais au perçage et à l'écartement des trous destinés au pouce, au majeur et à l'annulaire.

Les boules de bowling portent toutes un numéro, qui ne correspond pas au nombre de points qu'elles sont susceptibles de rapporter, mais à leur poids, exprimé en livres, le jeu ayant été créé aux États-Unis.

PENDANT LA SECONDE GUERRE MONDIALE, LES AMÉRICAINS CODAIENT LEURS MESSAGES RADIO EN LANGUE NAVAJO

VRAI !

Peu de personnes maîtrisent la langue navajo, réputée être d'une grande complexité. C'est sur la base de ce constat tout simple que, dans les années 1940, l'ingénieur californien Philip Johnston proposa à l'armée américaine de communiquer dans cette langue. Son projet initial prévoyait que chaque bataillon du Pacifique compterait parmi ses membres deux Indiens navajos travaillant comme opérateurs radio.

L'autre atout de taille concernant la langue navajo à cette époque était que les tribus navajos n'avaient pas fait l'objet d'études menées par des étudiants allemands en anthropologie, ce qui n'était pas le cas des autres tribus indiennes. Cela signifiait donc

qu'aucun Allemand n'était susceptible de connaître la langue navajo.
De plus, le dialecte navajo était inconnu des autres tribus, et d'à peu près tout le monde, sauf une poignée de chercheurs américains qui s'y étaient intéressés.
Cela signifiait donc que quasiment personne n'était à même de comprendre et de traduire des messages écrits dans cette langue si particulière.
La difficulté majeure à laquelle l'opération se heurta est l'inadaptation de la langue navajo au jargon militaire : le premier travail des marines consista à établir un lexique navajo/anglais avec des correspondances assez amusantes, généralement relevant de la faune et de la flore, pour traduire les termes militaires.
Par exemple, les avions torpilleurs étaient désignés comme étant des *Tas-chizzie* en navajo, ce qui signifie « hirondelle » en anglais.
Pour les mots difficiles, les noms de lieux ou de personnes, on créa tout spécialement un alphabet.
Ce sont environ 420 Indiens navajos qui furent employés par les services de transmission de l'armée américaine :

ce dispositif fut maintenu secret pendant de très nombreuses années, jusqu'en 1968. Plus tard encore, en 1982, le 14 août devint officiellement la journée nationale des radio-codeurs navajos. On mit donc du temps à remercier les Navajos pour leurs services rendus à la nation pendant la Seconde Guerre mondiale.

WEEK-END À LA CAMPAGNE

COUPER UN VER DE TERRE EN DEUX DONNE DEUX VERS DE TERRE

FAUX !

Les vers de terre, ou lombrics, sont dotés de capacités de régénération assez étonnantes, tant et si bien qu'on leur prête la faculté de ne pas mourir lorsqu'on les coupe en deux, et même de donner naissance à deux nouveaux vers de terre, parfaitement opérationnels. Malheureusement, ou heureusement, il ne faut quand même pas exagérer : même s'ils sont capables de régénérer certains de leurs organes abîmés ou de remplacer leurs membres après amputation, tout dépend de l'endroit où ils sont sectionnés. C'est, en effet, seulement la partie du corps où se trouve le ganglion cérébral qui peut se régénérer, et encore… elle ne peut se régénérer que partiellement.

Donc, pour tous ceux qui seraient tentés de mener la cruelle expérience au fond de leur jardin, il n'y a pas clonage de ver de terre lorsqu'il prend un coup de bêche. Il peut s'en sortir, mais avec pas mal de dommages collatéraux, s'il n'attrape pas d'infection ou s'il ne se fait pas avaler par un oiseau entre-temps.

VRAI !

IL EXISTE DES GRENOUILLES TUEUSES MORTELLES POUR L'HOMME

Toutes les grenouilles ne sont pas inoffensives pour l'homme, bien au contraire.
Les forêts tropicales d'Amérique centrale et d'Amérique du Sud sont peuplées de nombreuses bestioles plus ou moins hostiles et plus ou moins avenantes : cela inclut des grenouilles, aux apparences généralement spectaculaires.
Ces petits batraciens, de la famille des dendrobates, présentent de magnifiques couleurs agrémentées de motifs splendides : mais il

ne faut surtout pas se fier aux apparences, puisque ces grenouilles sont vénéneuses. Par exemple, la dendrobate bleue, ou *Dendrobates azureus*, contient suffisamment de venin pour tuer 10 êtres humains adultes. Elle est en effet gorgée d'une toxine mortelle, qui agit avec une rapidité d'action stupéfiante : ce n'est pas pour rien que les tribus indigènes de ces régions utilisaient le poison contenu dans la grenouille pour en enduire les extrémités de leurs flèches.
D'où le surnom de cette grenouille tueuse communément appelée la « grenouille de dard ».

LE BŒUF EST LE MÂLE DE LA VACHE

FAUX !

Techniquement, il est impossible au bœuf d'être le mâle de la vache, puisque le bœuf est un taureau castré : le bœuf n'a donc plus ses organes reproducteurs. Difficile, dans ces conditions, d'être un mâle digne de ce

nom, ce qui n'est pas le cas du taureau qui, lui, est bien le mâle de la vache.
La castration du taureau permet d'obtenir de la viande plus tendre et plus goûteuse ! Bon appétit !

FAUX !

LE BOURDON NE PIQUE PAS

Curieusement, le bourdon a la réputation de ne pas piquer, contrairement à sa cousine l'abeille.
Pourtant, comme les abeilles, les bourdons, dont le nom savant est *Bombinae*, sont des insectes sociaux, dont l'organisation est identique à celle des abeilles : une reine, des ouvrières et des mâles. Ce sont les ouvrières qui peuvent piquer, puisqu'elles sont pourvues d'un dard qu'elles n'utilisent qu'en cas d'urgence absolue.
En revanche, les mâles ne piquent pas. Il n'y a plus qu'à apprendre à distinguer les mâles des ouvrières, les premiers ayant des antennes articulées composées de treize parties, contre douze chez les ouvrières. Bonne observation entomologique !

LA MYXOMATOSE A ÉTÉ DÉLIBÉRÉMENT INTRODUITE EN EUROPE ET EN AUSTRALIE POUR CONTRÔLER LA POPULATION DE LAPINS

VRAI !

S'il y a une maladie très dangereuse pour les lapins, c'est bien la myxomatose, qui peut décimer tant les lapins sauvages que les lapins domestiques.

La myxomatose est une affection virale la plupart du temps mortelle : le virus de la maladie, appelée « *poxvirus* », infecte l'organisme du lapin *via* une piqûre d'insecte (moustique, petite mouche, puce, etc.) ou même à la suite d'une blessure ou d'une plaie. La durée d'incubation est d'une dizaine de jours.

Il n'existe à ce jour aucun traitement réellement efficace, le seul moyen d'endiguer la maladie reste donc la vaccination.

La myxomatose a une histoire singulière depuis sa découverte pour la première fois en Uruguay à la toute fin du XIXe siècle : les scientifiques se sont rendu compte que les lapins américains étaient des porteurs sains ou tombaient malades mais sans mourir, tandis que les lapins des autres continents étaient décimés.

Puis au milieu des années 1920, un scientifique brésilien, Henrique de Beaurepaire Aragao, se dit que pour faire diminuer la population de lapins surnuméraires en Australie, rien de tel qu'une bonne vieille épidémie ! Des cultures de virus sont ainsi envoyées en Australie, mais les Australiens renoncent dans un premier temps à expérimenter le sinistre processus. Les premières expériences débuteront en 1933 en Angleterre, puis en Suède et au Danemark, et seulement dans les années 1950 en Australie, pour lutter à grande échelle contre les petits léporidés envahissants.

En France, c'est une initiative privée qui fut à l'origine de la destruction de nombreuses populations de lapins : le docteur Armand-Delille, membre de l'Académie de médecine et vice-président de la Société de biologie, propriétaire d'un domaine de 300 hectares envahi de lapins, inocula le virus à deux d'entre eux en 1952.

Quelques semaines plus tard, la quasi-totalité des animaux étaient décédés. La myxomatose mortelle avait été introduite en France, le mal était fait, impossible pour les lapins de dormir sur leurs deux oreilles !

LE MOUSTIQUE SE NOURRIT DE SANG

FAUX !

Combien de soirées dans le jardin ou sur la terrasse, de nuits gâchées par ces fichus moustiques ? Beaucoup trop !

Il est avéré que ce sont uniquement les femelles qui piquent. Et pourquoi piquent-elles ? Non pour se nourrir de sang, telles des vampires, mais pour favoriser la maturation de leurs œufs : c'est l'apport de protéines contenues dans le sang qu'elles prélèvent qui va permettre le développement complet des œufs.

Les dames moustiques se nourrissent par ailleurs de nectar de fleurs, ce qui est nettement plus poétique, mais ne rend pas moins désagréables leur bourdonnement et leurs piqûres.

LES ARAIGNÉES SONT DES INSECTES

FAUX !

Les araignées laissent rarement indifférent. D'ailleurs, ceux qui les détestent les prennent pour des insectes ; pourtant, du point de vue zoologique, ces satanées bestioles ne sont pas des insectes, mais des arachnides.
Les arachnides possèdent quatre paires de pattes, et leur corps, dépourvu d'ailes et d'antennes, comporte deux parties : l'abdomen et le céphalothorax.
Quant aux insectes, ils ont trois paires de pattes et un corps composé de trois parties : la tête, le thorax et l'abdomen.

FAUX !

LES LAPINS SONT DES RONGEURS

Pourvu de deux grandes incisives proéminentes, le lapin a tout du rongeur. Mais il n'en est pas un : c'est un lagomorphe.
Le rongeur se reconnaît à son absence de canines et à son unique paire d'incisives, dont la croissance est continue.
Mais le lapin est finalement un petit cachottier : certes, il n'a pas non plus de canines, mais il est pourvu de deux paires d'incisives à croissance continue, la seconde paire étant cachée derrière la première. Cette seconde paire n'est toutefois pas aussi développée que la première, mais c'est à cause d'elle que le lapin n'entre pas dans la famille des rongeurs, mais bien dans celle des lagomorphes.

VRAI !

LA PIQÛRE DU FRELON EST MOINS DANGEREUSE QUE CELLE DE L'ABEILLE

Le frelon a bien mauvaise réputation, au point que, depuis de nombreuses générations, on estime que sa piqûre est très dangereuse, voire mortelle. On lui associe d'ailleurs cet adage aux accents bien funeste : « Sept piqûres [de frelon] tuent un cheval, trois un adulte et deux un enfant », rien que ça !

En réalité, les experts en frelons savent bien que l'insecte est par nature pacifique, et qu'il n'attaque qu'en cas de nécessité absolue : les frelons sont particulièrement peureux et leur première réaction est la fuite, plutôt que l'attaque.

Il est vrai que leur bourdonnement et leur grande taille sont nettement plus effrayants que ceux de l'abeille ou de la guêpe. Mais de nombreuses études scientifiques comparant la toxicité des venins ont prouvé que leur venin n'est pas plus

dangereux, pour une personne en bonne santé, non allergique.
Le frelon est gros, il bourdonne beaucoup et il fait peur, encore plus que ses consœurs abeilles ou guêpes : mais il est potentiellement moins dangereux. Qu'on se le tienne pour dit !

LES VERS DE TERRE SONT LA PREMIÈRE BIOMASSE ANIMALE DE LA PLANÈTE

VRAI !

Il se trouve que des scientifiques ont eu l'idée d'évaluer la masse de tous les vers de terre du monde. Cette idée saugrenue a permis de mettre en évidence que les lombrics représentent environ 80 % de la biomasse animale : cela signifie que leur poids est supérieur à celui des autres

espèces animales et de l'ensemble de l'humanité. Pouah !
D'après les données du CNRS disponibles sur les vers de terre, ils seraient environ 2 500 dans un pré de 100 mètres carrés, ce qui signifie qu'on en compte environ 1 million dans une pâture de 1 hectare, voire 4 millions si la pâture est copieusement arrosée ou bien humide, comme c'est souvent le cas en Normandie. Tant et si bien qu'en Europe de l'Ouest, la densité de vers de terre, exprimée en masse par kilomètre carré, est supérieure à celle des hommes. Ces fort nombreuses bestioles grouillantes sont d'une grande utilité pour les sols qu'ils enrichissent, puisqu'ils contribuent à en mélanger les différentes couches, et qu'ils drainent efficacement, grâce à leur fonction de filtration des eaux.

UNE FOURMI PEUT CHUTER DE N'IMPORTE QUELLE HAUTEUR SANS SUBIR AUCUN DOMMAGE

VRAI !

Depuis La Fontaine, il est acquis que la fourmi n'est pas prêteuse.
Et il est également avéré que la fourmi est très résistante.
On a pu observer qu'une fourmi peut tomber de très, très haut sans subir aucun dommage, ni trépasser.
Lorsqu'elle chute, la fourmi est soumise à deux forces contraires, son poids, qui l'attire vers le sol, et la résistance de l'air, qui tend à freiner sa chute. Jusque-là, rien d'extraordinaire, puisque c'est le cas de tout corps chutant.
Mais la fourmi est particulièrement légère, ce qui tend à annuler les effets des deux forces contraires, à savoir le poids l'entraînant vers là-bas, et la résistance de l'air ralentissant sa

chute : par conséquent, sa vitesse d'impact au sol est très faible, et ce quelle que soit la hauteur dont elle tombera. À noter d'ailleurs que lorsque la fourmi tombe de 1 centimètre, cela équivaut à une sacrée chute de dix fois sa hauteur !
De plus, la fourmi est favorisée par la nature, puisqu'elle dispose d'un exosquelette résistant à toute épreuve, ou presque, fait de chitine, une substance dure, qui lui permet d'encaisser le choc de l'impact.

FAUX !

LES OIGNONS DU « RANG D'OIGNONS » SONT LES LÉGUMES

Tout porte à croire que l'expression « se mettre en rang d'oignons » tient ses origines de la science potagère et que les oignons ne sont autres que les légumes si goûtus. Tout porte à croire seulement, car les oignons des « rangs d'oignons » ne désignent pas les

légumes. Et d'ailleurs, à l'origine, l'expression qui ne s'écrivait pas tout à fait comme aujourd'hui n'avait pas non plus le même sens que celui qu'on lui connaît.
Il faut remonter au XVIIe siècle pour comprendre l'origine de cette expression. Artus de la Fontaine Solaro, connu également sous le nom du baron d'Oignon, fut chargé d'organiser les états généraux de Blois, en 1576. Son rôle dans ces réunions était d'attribuer à chaque député participant son rang protocolaire : en découlait une place dans l'assemblée, que certains députés trouvaient indigne de leur rang. D'où ce placement peu apprécié « en rang d'Oignon ».
Lorsque l'expression fut employée initialement, « être en rang d'Oignon » signifiait participer à une réunion à laquelle on n'était pas invité, n'être pas à sa place en somme. C'est certainement un abus de langage qui a fait disparaître la majuscule, puis a changé le sens de l'expression, qui signifie aujourd'hui être bien aligné sur une même file.

FAUX !

LES MANTES RELIGIEUSES MANGENT LEUR PARTENAIRE MÂLE APRÈS LA REPRODUCTION

La femelle dévorerait son partenaire à peine l'accouplement terminé ou, pis encore, elle lui mangerait la tête pendant qu'il est encore à son affaire. Brrr... Cela fait froid dans le dos.

Mais, heureusement pour ces messieurs mantes, ce n'est pas tout à fait exact : du moins, ce n'est pas systématique. Cette forme de cannibalisme aurait été observée plus fréquemment hors du milieu naturel, c'est-à-dire en laboratoire ou en vivarium. Ce sont la captivité et, surtout, l'insuffisance de nourriture avant l'accouplement qui pourraient expliquer ce comportement particulièrement violent.

Dans la nature, l'accouplement se déroule en toute sécurité pour le mâle, qui peut prendre la poudre d'escampette une fois son devoir accompli.

LES BOULES DE PÉTANQUE SONT CREUSES

VRAI !

Le fait d'être lourd ne signifie pas obligatoirement que l'on est plein. Et si l'esprit a du mal à concevoir que l'on puisse être lourd et cependant creux, il faudra bien qu'il s'y fasse, puisque c'est précisément le cas des boules de pétanque.

Bien qu'assez lourdes, les boules de pétanque classiques, pesant de 650 à 800 grammes, sont creuses : si elles étaient pleines, elles transformeraient pétanque en sport de force. Elles sont constituées de deux coquilles soudées entre elles.

Les boules de pétanque de compétition, qui mesurent de 7 à 8 centimètres de diamètre, sont en acier et ne sont pas lestées. Seul le cochonnet, appelé en réalité la boule de but, est en bois, généralement de buis, particulièrement apprécié des joueurs chevronnés.

LES DENTS DES LAPINS CROISSENT PENDANT TOUTE LEUR VIE

VRAI !

Les lapins ne sont pas des rongeurs, mais des lagomorphes, qui ont la particularité d'avoir deux paires d'incisives sur chaque mâchoire.

Ces paires d'incisives ont la particularité d'être implantées l'une derrière l'autre : ainsi la seconde paire de quenottes est positionnée juste derrière l'autre.

Ces incisives sont recouvertes d'une couche d'émail plus mince derrière que devant : le lapin peut ainsi affûter ses dents en frottant celles du haut contre celles du bas. Ce faisant, elles sont taillées en biseau.

Les dents du lapin sont profondément implantées dans ses mâchoires sans toutefois comporter de racines.

Outre ces bizarreries anatomiques, les dents du lapin ne cessent de pousser durant toute sa vie, et ce d'environ 2 millimètres par semaine pour la mâchoire supérieure et

d'environ 2,4 millimètres par semaine pour la mâchoire supérieure.
Pour endiguer cette croissance continue, les lapins se nourrissent généralement d'aliments aux propriétés abrasives, qui contribuent à user leurs dents.

FAUX !

LES PIQÛRES DE CERTAINES ARAIGNÉES SONT MORTELLES

Les araignées nous piquent, finalement, assez rarement : elles le font si elles se sentent menacées ; autrement, ce sont des animaux plutôt paisibles sous des dehors pas très accommodants et un rien sinistres.
Les arachnophobes, que la seule vue d'une araignée peut mettre dans un état de panique indescriptible, invoquent parfois le fait que les piqûres des araignées peuvent être mortelles, pour justifier leur phobie.

Cependant, statistiquement, les cas de décès dus à des piqûres d'araignées sont moins nombreux que ceux causés par les guêpes, les abeilles ou les frelons : le venin injecté par l'araignée lorsqu'elle pique est destiné à paralyser ses proies et non à les tuer directement.
Les piqûres d'araignées, si douloureuses qu'elles puissent être, ne provoquent donc que très rarement des réactions entraînant la mort : par conséquent, on ne peut pas vraiment affirmer que les piqûres de certaines araignées sont mortelles, même les piqûres des araignées venimeuses.

LA LUMIÈRE ATTIRE LES MOUSTIQUES

FAUX !

Qui n'a pas prudemment éteint les lumières un soir d'été, ou ne s'est pas fait vertement réprimander parce qu'il laissait les lumières allumées alors que les fenêtres étaient

grandes ouvertes, prenant ainsi le risque d'attirer les moustiques ?
Les *Culicidae* – tel est le nom scientifique des moustiques – sont réputés être attirés par la lumière et donc se précipiter en masse pour venir bourdonner et surtout piquer leurs proies.
Il s'agit d'une fausse croyance, d'un mythe absolu !
Le moustique ne peut pas détecter la présence ou non de lumière : il n'est pas équipé pour. Ce qui l'attire à tous les coups, c'est le dioxyde de carbone, et ce jusqu'à une distance de vingt mètres, ce qui est énorme à l'échelle d'une aussi petite (mais particulièrement agaçante) bestiole.
C'est donc le dégagement de dioxyde de carbone du corps humain, combiné à la chaleur et aux odeurs corporelles, qui attire la femelle moustique et qui lui fait choisir ses victimes...

L'EFFET PLACEBO EXISTE CHEZ LES ANIMAUX

VRAI !

En langage scientifique, un placebo désigne une préparation pharmaceutique, quelle qu'en soit la forme (pilule, gélule, sirop, etc.), qui ne contient aucun principe actif : un médicament qui en a l'apparence, mais qui n'est composé que de substances inertes, n'ayant en principe aucune vocation à guérir, soigner ou soulager quoi que ce soit.
Le placebo est un « faux » traitement que l'on administre à un patient, qui ne sait pas qu'il va prendre un médicament factice.
Il résulte de cette prise de placebo un « effet placebo », par lequel l'état du patient s'améliore, alors qu'il a pourtant pris l'équivalent de... rien du tout !
Un médicament placebo n'a de l'efficacité que si l'effet placebo y contribue. Mais cela n'empêche pas non plus un médicament actif de produire également un effet placebo. C'est typiquement ce qui se passe lorsqu'on

absorbe du paracétamol pour faire cesser un mal de tête : en théorie, il faut environ une heure pour que la molécule agisse, alors qu'il est fréquent que l'on se sente mieux au bout d'une dizaine de minutes !
L'effet placebo, par lequel une maladie se guérit ou une douleur se soulage après absorption d'un produit sans principe actif, une sorte de « faux médicament », n'est pas l'apanage des êtres humains.
On pourrait le penser, puisque c'est généralement le fait de croire que le médicament, qui en réalité n'en est pas un, sera efficace.
L'effet placebo existe chez les animaux : il a été observé sur des souris, sans qu'on lui ait trouvé une explication scientifique.
Pourtant, les animaux n'ont pas conscience qu'ils prennent un médicament et ne croient d'ailleurs pas à grand-chose... Il semblerait que l'animal tende à se sentir mieux, rien que par le fait que l'on s'occupe de lui, qu'on lui fasse avaler quelque chose : un climat propice à la guérison ou au soulagement s'installe, permettant à l'animal de se calmer.

LA ROSÉE EST DU MATIN

FAUX !

La rosée, si poétique avec ses gouttelettes qui imprègnent les feuilles des arbres ou les brins d'herbe, est par définition du matin. D'ailleurs, elle est désignée sous le vocable « rosée du matin ».
En réalité, la rosée, si elle semble être apparue le matin, est bel et bien là depuis la veille au soir. Elle est d'ailleurs la hantise des astronomes, car elle vient se loger sur le bout des lorgnettes et gêne les observations des étoiles.
La rosée se forme dès le soir et se dépose toute la nuit. La vapeur d'eau contenue dans l'air se condense sous forme liquide : généralement, la rosée apparaît pendant les nuits claires, par vent nul ou quasi nul, et lorsque de l'air humide a stagné près du sol. La quasi-absence de nuages et de vent permet un refroidissement important de l'air jusqu'à un point appelé « point de rosée », en dessous duquel l'humidité ambiante passe de l'état de vapeur à l'état liquide en se condensant.

VRAI !

CERTAINS CHAMPIGNONS, TOXIQUES POUR L'HOMME, NE LE SONT PAS POUR LES ANIMAUX

On le sait, lorsque l'on ramasse des champignons, avant de les déguster il est indispensable de demander l'avis d'un mycologue chevronné ou d'un pharmacien, qui saura déterminer si lesdits champignons sont ou ne sont pas comestibles.
Il serait tout à fait dangereux de se fier à des indices tels que les traces de morsures d'animaux pour se dire que tel ou tel champignon, s'il a été croqué par un lapin par exemple, est inoffensif pour l'être humain.
Cette méthode, qui présente l'avantage d'être parfaitement empirique, n'est absolument pas fiable : il est en effet avéré que les lapins peuvent manger des amanites phalloïdes sans aucun effet secondaire, alors que celles-ci sont létales pour l'homme.

L'ÉPHÉMÈRE N'A PAS DE TUBE DIGESTIF

VRAI !

L'éphémère porte bien son nom, puisque cet insecte ne vit au stade adulte que pendant une à deux journées, pas plus. Si leur stade adulte est très court, il n'en va pas de même de leur stade larvaire, qui peut au contraire durer de deux à trois années ! Tout ça pour ça !

Cette existence si courte fait que l'anatomie de l'éphémère est un peu particulière : il est certes doté d'une bouche qui lui permet de se nourrir pendant sa phase larvaire, mais est dépourvu de tube digestif ! D'ailleurs, pendant sa courte vie d'adulte, l'éphémère ne mange pas, ses pièces buccales étant atrophiées.

Pourquoi s'encombrer de tels organes lorsqu'on vit si peu de temps : la vie est bien trop courte pour se préoccuper de son tube digestif !

N'HABITE PAS À L'ADRESSE INDIQUÉE

LE HAMBURGER EST NÉ AUX ÉTATS-UNIS

FAUX !

Ce n'est pas parce que les Américains consomment chaque année en moyenne cent cinquante hamburgers par personne que ce sont eux qui les ont inventés !
Le hamburger n'est pas une invention américaine : il a été importé aux États-Unis par les immigrés allemands au XIXe siècle, qui ont quitté l'Allemagne par le port de Hambourg.
Il faut en effet revenir à l'étymologie du mot hamburger pour comprendre d'où vient ce sandwich rond à la viande hachée. En allemand, « Hamburger » désigne tout simplement un habitant de la ville de Hambourg.
Durant le trajet entre Hambourg et New York, des steaks de viande de bœuf hachée, salée (parfois fumée) et mélangée avec des oignons et de la chapelure, étaient servis à bord des bateaux, parfois entre deux tranches de pain. Ensuite, sur le port de New York, ils furent proposés cuits « dans le style de Hambourg », et cette recette se diffusa ensuite dans toute l'Amérique.

ABIDJAN EST LA CAPITALE DE LA CÔTE-D'IVOIRE

FAUX !

Au petit jeu des capitales des pays africains, il y en a qui sont incollables. Ils les savent sur le bout des doigts. Mais connaissent-ils celle de la Côte-d'Ivoire ? Oui ! Pour eux, c'est Abidjan, assurément.

Raté ! La capitale de la Côte-d'Ivoire n'est pas Abidjan ou, plus exactement, n'est plus Abidjan, et cela depuis 1997 : Houphouët-Boigny, le « père de l'indépendance » ivoirienne, avait souhaité ce transfert de l'administration du pays d'Abidjan à Yamoussoukro.

Plusieurs raisons ont été invoquées pour expliquer ce choix : Abidjan fut la capitale instaurée par les colons et il s'agissait pour les Ivoiriens de reprendre leur destin en main ; Yamoussoukro était le lieu de naissance d'Houphouët-Boigny ; on comptait également sur ce transfert pour décentraliser le pouvoir et assurer une meilleure stabilité politique au pays.

La capitale administrative de la Côte-d'Ivoire est donc Yamoussoukro, ce qui n'a pas empêché l'ancienne capitale Abidjan de demeurer la capitale économique du pays.

VRAI !

BIG BEN DÉSIGNE LA CLOCHE ET NON LA TOUR QUI L'ABRITE

Les Français ont une légère tendance à s'emmêler les pinceaux, en ce qui concerne les Anglais, et Big Ben.
Pour eux, Big Ben est la célèbre tour qu'ils peuvent admirer à Londres, faisant partie du gigantesque palais de Westminster, lequel abrite les chambres des Communes et des Lords.
Il faut savoir que Big Ben n'est donc pas la tour, mais la cloche qui est dans la tour de l'Horloge (*Clock Tower*) du palais de Westminster.
Imposante cloche de plus de 13 tonnes, et mesurant 4,25 mètres de haut, Big Ben fut mise en service le 31 mai 1859. Depuis cette date, elle sonne toutes les heures, un air mondialement connu.
Le papa de Big Ben s'appelait Benjamin Hall : comme il était un peu enveloppé, le surnom de la cloche qu'il créa fut facilement trouvé.

VRAI ! DANS CERTAINS PAYS D'EUROPE, TOURNER LA TÊTE DE GAUCHE À DROITE SIGNIFIE « OUI » ET OPINER SIGNIFIE « NON »

Généralement, pour signifier « oui », on opine, et pour dire « non », on tourne la tête de gauche à droite. Cela est simple et paraît immuable, presque logique.
Néanmoins tout le monde ne fait pas comme ça : par exemple en Grèce et en Bulgarie, on fait exactement l'inverse ! Voilà de quoi perdre son latin ! Attention aux méprises !

DIOGÈNE VIVAIT DANS UN TONNEAU

FAUX !

Diogène de Sinope, philosophe de la Grèce antique, était un sacré loustic. Très illustre représentant de l'école cynique, il est réputé avoir vécu dans un tonneau.
Mais à l'époque de Diogène, le tonneau n'existait pas encore, puisqu'il s'agit d'une invention gauloise ! En réalité, Diogène squattait une grosse amphore ou jarre en terre cuite, *pithos* en grec, sur l'agora athénienne.
C'est vraisemblablement un problème de traduction qui est à l'origine de cette erreur, que l'on traîne depuis des siècles et qui situe le domicile habituel de Diogène dans un tonneau, en lieu et place d'une grosse amphore...

LE COR ANGLAIS VIENT D'ANGLETERRE

FAUX !

Avec un nom pareil, on ne voit pas bien d'où pourrait venir le cor anglais, à part d'Angleterre.
L'instrument désigné comme tel n'a rien à voir avec le cor semi-circulaire utilisé par les chasseurs ou les forestiers. Le cor anglais est un instrument à vent de la famille des bois qui fait partie de la sous-famille des hautbois.
Les spécialistes du hautbois s'accordent à dire que cette fausse dénomination provient d'une erreur de traduction de *engelisches horn*, le nom d'origine du cor anglais, qui signifie cor « angélique » en vieil allemand.

DANS CERTAINS PAYS, IL EST D'USAGE ET BIEN VU DE ROTER À LA FIN DU REPAS

VRAI !

En Occident, il est mal vu de roter en fin de repas : l'éructation n'a pas sa place autour des tables. Ce n'est pas le cas partout.
On a tendance à forcer un peu le trait concernant le rot en fin de repas, en considérant qu'il est une marque de politesse et que si l'on oublie de roter, on manquera à ses obligations.
Sans aller jusqu'à en faire une marque de politesse, le rot en fin de repas est toléré, voire bien vu dans les pays arabes : les hôtes considéreront que leurs plats ont été appréciés.
L'usage est de mettre la main devant la bouche, et de ne pas omettre de louer Allah, en prononçant le célèbre « Alhamdoulilah ».
En Chine, le rot en fin de repas est également considéré comme un signe de satisfaction du convive, qui montre qu'il a fait bombance.

FAUX !

LE JAZZ A ÉTÉ INVENTÉ À LA NOUVELLE-ORLÉANS PAR DES MUSICIENS NOIRS

Tout le monde est persuadé que le jazz a été inventé à La Nouvelle-Orléans par des musiciens noirs. C'est pourtant loin d'être le cas.

La naissance officielle de ce genre musical remonte au 26 février 1917 : ce jour-là fut enregistré le premier disque de jazz, *Lively Stable Blues,* par l'Original Dixieland Jazz Band, de Nick La Rocca.

L'enregistrement de l'album eut lieu à New York, soit à 1 865 kilomètres de La Nouvelle-Orléans et, si les cinq membres du groupe en question étaient blancs, tous étaient cependant originaires de La Nouvelle-Orléans.

EN CHINE, IL EXISTE SEULEMENT UNE CENTAINE DE NOMS DE FAMILLE DIFFÉRENTS

VRAI !

D'après les spécialistes, ce sont les Chinois qui furent les premiers à utiliser des noms de famille, aux alentours de 3000 av. J.-C. Pendant au moins deux mille ans, il y a eu deux catégories de noms : le nom de famille et le nom de clan, qui fut finalement abandonné au profit des noms de famille. À cet égard, un célèbre document fut élaboré, le *Baijaxing* ou « Classique des 100 noms », qui en comporte d'ailleurs en réalité plutôt 500 que 100. Ce document faisait rimer l'ensemble des noms de famille utilisés pendant le règne de l'empereur Zhao, de la dynastie des Song. Parallèlement, en Occident, jusqu'au début du Moyen Âge, les gens portaient simplement un prénom. Actuellement, en Chine, énormément de gens portent le même nom de famille, et

pour cause. Les plus courants ne sont qu'une centaine, utilisés par les Chinois Han, qui représentent la majorité de la population chinoise. On en répertorie environ 3 500 au total, généralement monosyllabiques.
À l'instar des Martin et Dupont qui font un carton en France, ce sont les Li et les Zhang qui sont les plus nombreux : plus de 100 millions de personnes portent désormais l'un ou l'autre de ces noms de famille.
Hors du contexte familial, on appelle les gens par leur nom de famille suivi de leur prénom.

LE SAXOPHONE EST UN CUIVRE

FAUX !

Le saxophone a l'air d'être un instrument de la famille des cuivres, mais il cache bien son jeu !
En effet, le saxophone, qui tient son nom de son inventeur, le Belge Adolphe Sax, n'est

pas du tout un instrument à vent de la famille des cuivres, mais de la famille des bois. Certes, le saxophone est principalement composé de métal, mais le son qu'il produit est issu de la vibration d'une anche en bois contre son bec. D'où sa classification, logique, dans les bois et non dans les cuivres.

FAUX !

MOZART ÉTAIT AUTRICHIEN

Wolfgang Amadeus Mozart est bien né en 1756 à Salzbourg, cela ne fait aucun doute. Ce lieu de naissance ne fait pas pour autant de lui un Autrichien pur jus : tout simplement parce qu'en 1756 Salzbourg faisait partie du Saint-Empire romain germanique. La ville, aujourd'hui autrichienne, ne fut rattachée à l'Autriche qu'en 1816.

LA PLUPART DES PIEDS DE VIGNE FRANÇAIS SONT D'ORIGINE AMÉRICAINE

VRAI !

N'en déplaise aux amateurs de vins français, grands crus classés ou non, la plupart des pieds de vigne dont ils sont issus proviennent en partie des États-Unis.
C'est à la fin du XIXe siècle que le vignoble français a été ravagé par une épidémie de phylloxéra, minuscule insecte proche du puceron, se nourrissant de la sève des plantes qu'il infeste. Les premiers pieds touchés le furent dans le département du Gard, vers 1865, puis l'épidémie s'est propagée aux régions voisines, de sorte qu'en 1870, la vallée du Rhône, les vignobles varois et bordelais étaient contaminés. Même topo pour la Champagne et la Bourgogne, qui n'ont pas non plus échappé à la maladie.
Le parasite ayant eu raison des pieds de vigne français et aucun moyen de l'éradiquer n'ayant été trouvé, l'État fit arracher les plants contaminés pour endiguer la progression de l'épidémie, mais contribua à ruiner certains viticulteurs.

Un autre remède, coûteux, fut mis en œuvre : la destruction des larves. Mais on lui préféra la « solution clinton », qui consista à greffer des pieds de vigne américains de la variété « clinton », résistante au phylloxera, sur les cépages français. La souche des pieds de vigne est donc américaine et le cépage est français.

FAUX !

IL N'Y A PAS DE DIFFÉRENCE ENTRE LE ROYAUME-UNI ET LA GRANDE-BRETAGNE

C'est ce qu'on croit généralement concernant nos voisins d'outre-Manche : ils habitent une sorte d'île, appelée indifféremment Royaume-Uni (*United Kingdom*) ou Grande-Bretagne (*Great Britain*).

Pourtant, le Royaume-Uni et la Grande-Bretagne ne forment pas qu'une seule et

même entité, ce sont bien deux territoires distincts : la Grande-Bretagne est l'île composée de l'Angleterre, de l'Écosse et du Pays de Galles. C'est d'ailleurs la plus grande île d'Europe et la neuvième du monde, ce qui n'est pas si mal.
Quant au Royaume-Uni, c'est un État composé de l'Angleterre, de l'Écosse, du Pays de Galles… et de l'Irlande du Nord. Sa capitale est Londres, également capitale de l'Angleterre.

FAUX !

ISTANBUL EST LA CAPITALE DE LA TURQUIE

De prime abord, la capitale de la Turquie, c'est Istanbul. C'est d'ailleurs la ville la plus peuplée du pays.
Istanbul est aussi une ville à l'histoire très ancienne : d'abord appelée Byzance, puis Constantinople, la cité est devenue Istanbul le 28 mars 1930. Elle fut la capitale de l'Empire romain, de l'Empire byzantin,

puis de l'Empire ottoman à partir de 1453. L'actuelle république de Turquie fut fondée le 10 août 1920 ; la capitale fut transférée à Ankara le 13 octobre 1923. C'est Mustafa Kemal Atatürk qui fit ce choix pour des raisons stratégiques et plus symboliquement pour donner un nouvel essor au pays en tournant le dos à l'ancien régime. Ankara possède aussi l'avantage d'être dans une zone à faible activité sismique.

VRAI !

LE DÖNER KEBAB EST D'ORIGINE ALLEMANDE

La réputation du kebab n'est plus à faire : certains l'adorent, s'en nourrissent presque exclusivement, et se damneraient pour un bon kebab frites, tandis que d'autres le détestent et l'ont banni de leur alimentation, le jugeant trop gras et fabriqué parfois dans des conditions d'hygiène douteuse.

La version originale du kebab est un plat traditionnel turc servi dans une assiette et comprenant de la viande grillée, c'est d'ailleurs ce que signifie *kebab* ou *kebap* en turc, généralement de mouton ou d'agneau. Le kebab a été adopté par d'autres pays du Moyen-Orient et revisité selon les coutumes et goûts locaux.

Le döner kebab que l'on connaît en France et dans d'autres pays occidentaux a été inventé en Allemagne : en 1971, Mehmet Aygün, immigré turc alors âgé de 16 ans, travaille à Berlin dans le restaurant de son oncle, qui sert à ses clients des kebabs traditionnels. Lui vient l'idée lumineuse de servir la viande grillée dans des pains turcs, et de l'agrémenter de salade, de tomates, de sauce et d'épices.

Le jeune homme transforma donc un plat traditionnellement servi à l'assiette en sandwich à manger facilement et rapidement. Le succès fut immédiat, ce nouveau sandwich faisant l'unanimité.

LE JAMBON D'AOSTE VIENT D'ITALIE

FAUX !

Aoste est une ville montagnarde d'Italie, chef-lieu de la région autonome et bilingue du Val d'Aoste, située au nord-ouest de la botte. Est fabriqué dans cette région d'Aoste un délicieux jambon, appelé jambon de Bosses car produit plus précisément dans le village de Saint-Rhémy-en-Bosses. Ce jambon de pays artisanal est aromatisé avec des herbes de montagne. Voilà pour l'authentique jambon d'Aoste.

Mais il existe un autre Aoste, du côté français, dans le département de l'Isère : cette commune a sur son territoire une charcuterie industrielle appartenant au groupe Aoste, filiale du géant Smithfield Foods, leader mondial de la transformation de la viande de porc.

Cette usine fabrique un jambon qui a été commercialisé pendant de nombreuses années sous l'appellation « jambon d'Aoste », entretenant d'ailleurs gentiment la confusion avec son homologue artisanal transalpin. Ce

« jambon d'Aoste » vendu en France n'avait rien d'italien. Il n'avait rien à voir non plus avec le vrai jambon artisanal.
Ce jambon d'Aoste 100 % français s'appelle désormais « Jambon Aoste ».

LA GRANDE MURAILLE DE CHINE EST LE SEUL ÉDIFICE VISIBLE DEPUIS LA LUNE

FAUX !

Tout le monde sait que la Grande Muraille de Chine est la plus imposante construction du monde avec ses dimensions pharaoniques : 6 700 kilomètres de long au total, entre 7 et 16 mètres de haut, et 7 mètres de large. Et tout le monde pense que cet impressionnant édifice est visible depuis la Lune : les astronautes eux-mêmes l'auraient affirmé. Mais c'est impossible compte tenu de la distance séparant la Terre de la Lune : 385 000 kilomètres. Voir la Grande Muraille depuis la Lune reviendrait à voir un objet d'un millimètre carré à une distance de trente-huit kilomètres.

VRAI !

RENÉ COTY A ÉTÉ ÉLU À LA PRÉSIDENCE DE LA RÉPUBLIQUE SANS ÊTRE CANDIDAT

Il est des présidents de la République qui ont été élus malgré eux, à l'insu de leur plein gré comme les cyclistes dopés.
C'est le cas de René Coty, élu en 1954 aux plus hautes fonctions de l'État sans avoir fait acte de candidature : à cette époque, le Président n'était pas élu au suffrage universel direct, mais par un (ou plusieurs) vote(s) des parlementaires, réunis en congrès.
Au moment précis du vote, René Coty était hospitalisé pour une opération de la prostate.

L'élection fut une succession de péripéties, ralliements et désistements divers et variés : à l'issue de treize tours, le choix se porta finalement sur René Coty, radical-socialiste pour le moins peu emblématique et charismatique, qui n'était donc pas là, et qui n'était même pas candidat ! Cela n'arriverait certainement pas aujourd'hui, même sur la base d'un malentendu !

FAUX !

LE MEXIQUE EST EN AMÉRIQUE CENTRALE

Où se trouve le Mexique ? En Amérique centrale, pardi !
Caramba, encore raté !
Le Mexique, bien que situé au sud des États-Unis d'Amérique, ne fait partie pas partie de l'Amérique centrale et encore moins de l'Amérique du Sud. Il fait partie de l'Amérique du Nord et, à cet égard, est membre de l'ALÉNA (Accord de libre-échange nord-américain).

Mais tout cela n'empêche pas le Mexique de faire partie des États d'Amérique latine, où l'on parle espagnol et portugais.

FAUX !

PARIS EST PLUS AU SUD QUE MONTRÉAL

Montréal, la métropole du Québec, est connue pour ses hivers rigoureux. Très rigoureux. Pour autant, il est faux d'en déduire que Montréal est plus au nord que Paris.
D'ailleurs, avec 45°30' de latitude nord, Montréal est sur le même parallèle, ou presque, que la ville de Bordeaux, dont le climat est nettement moins rude !
Ce ne sont pas les latitudes des régions qui déterminent leur climat, mais l'influence du Gulf Stream, conjuguée à d'autres phénomènes thermiques et atmosphériques.

LE NOM DE LIEU LE PLUS LONG AU MONDE EST LE NOM COMPLET DE LA VILLE DE BANGKOK

VRAI !

Si certains lieux portent des noms particulièrement courts, il en est d'autres qui, au contraire, sont affublés de noms très longs, ce qui les rend généralement imprononçables, sans se tromper du moins.
Le nom de lieu le plus long au monde est le nom complet de la ville de Bangkok, capitale du royaume de Thaïlande. Localement, le nom complet compte 163 caractères et s'écrit ainsi : *Krung Thep Mahanakhon Amon Rattanakosin Mahinthara Ayutthaya Mahadilok Phop Noppharat Ratchathani Burirom Udomratchaniwet Mahasathan Amon Piman Awatan Sathit Sakkathattiya Witsanukam Prasit.*
En thaï, cela signifie littéralement : « Ville des anges, grande ville, résidence du Bouddha d'émeraude, ville imprenable du dieu Indra, grande capitale du monde ciselée de neuf

pierres précieuses, ville heureuse, généreuse dans l'énorme Palais Royal pareil à la demeure céleste, règne du dieu réincarné, ville dédiée à Indra et construite par Vishnukarn ».

FAUX !

SYDNEY EST LA CAPITALE DE L'AUSTRALIE

Encore un sacré piège dans les quiz de géographie !
Sydney avec son Opéra au bord de l'eau, reconnaissable entre mille, et son fameux Harbour Bridge, n'est pas la capitale de l'Australie, contrairement à une idée très répandue ; c'est en revanche la première ville du pays du point de vue de la démographie. Sydney est la capitale de l'État de Nouvelle-Galles du Sud. Ce fut aussi l'une des premières colonies européennes créées en Australie. La capitale de l'Australie est Canberra, située à 280 kilomètres au sud-ouest de Sydney.

LE « PANIER À SALADE » EST UN VÉHICULE POSTIER

VRAI !

Se faire embarquer par le « panier à salade », fourgon mobile de la police, n'a jamais été agréable.
Si de nombreux prisonniers ou prévenus ont été trimballés et secoués à l'arrière de ces camionnettes au confort spartiate, ils ignoraient probablement que le panier à salade était à l'origine un véhicule postier.
Les premiers véhicules servant à transporter le courrier, sous le règne de Louis XIV, étaient les malles-charrettes : il s'agissait d'une charrette à deux roues, tirée par trois chevaux. Les malles étaient enveloppées de bâches pour protéger les courriers, lesquelles bâches étaient fixées au moyen d'arceaux d'osier croisés les uns sur les autres.
L'un de ces chevaux était monté par le postillon, chargé de diriger l'attelage et chaussé de grosses bottes de cuir. La malle-charrette faisait un arrêt toutes les sept lieues, dans un relais où l'on procédait au changement de l'équipage, chevaux et postillon compris.

Le tout bringuebalait vraiment beaucoup, ce qui fit que la malle-charrette fut surnommée le « panier à salade », du fait de sa ressemblance avec les paniers d'osier utilisés alors pour secouer la salade, bien avant que ce surnom ne soit attribué aux estafettes de la police.

FAUX !

LES ANGLAIS ONT INVENTÉ LE FOOTBALL

On peut attribuer aux Anglais le mérite de nombreuses inventions, comme le flegme, la sauce à la menthe, les chips au vinaigre ou le *tea time*. Mais s'il y a une chose que les Anglais n'ont pas inventée, c'est le football. Les racines de ce sport, si populaire en Angleterre et dans de nombreux pays sur tous les continents, se trouvent dans la soule, ou choule, jeu médiéval dont la première apparition est attestée en France au milieu du XIIe siècle, puis en Angleterre.

Ce sport était pratiqué dans les écoles et les universités, mais aussi dans les villages et les campagnes, dont il était originaire. Malgré les apparences, il était relativement codifié et se jouait avec une pelote de chiffon, puis un ballon de cuir (à partir du XVIe siècle) à déposer dans un but. À noter, d'ailleurs, que la soule est aussi considérée comme l'ancêtre du rugby.
La soule était un jeu brutal, qui pouvait donner lieu à de violentes bagarres faisant des blessés, voire des morts : de ce fait, elle fut interdite en Angleterre et en France, ce qui ne l'empêcha pas d'être populaire (et pratiquée). Elle fut nommée *football* en anglais, puis *folk football*.
En 1835 fut édictée l'interdiction de pratiquer le *folk football* sur les routes, obligeant les joueurs à se réunir sur des terrains clos. Ceux des écoles (Eton, Harrow, Westminster, etc.) furent utilisés. Puis, les premières règles du jeu et codes de bonne conduite furent rédigés, à partir du milieu du XIXe siècle. La Fédération anglaise de football fut créée en 1863, notamment pour unifier les règles d'une équipe à l'autre et faciliter les compétitions.
Il n'est donc pas exact d'affirmer que les Anglais ont inventé le football ; à défaut de l'avoir inventé, ils l'ont cependant intégralement codifié, pour en faire ce qu'il est aujourd'hui.

FAUX !

L'APPELLATION « BLUE-JEANS » EST D'ORIGINE AMÉRICAINE

Le blue-jeans, mondialement connu, et la toile denim qui le compose, surpiquée et renforcée par des rivets, sont le fruit d'une collaboration entre Oscar Levi Strauss, homme d'affaires et commerçant, et Jacob Davis, tailleur à Reno dans l'État du Nevada, aux États-Unis.

Si les inventeurs de ce pantalon, aujourd'hui tellement porté à travers le monde, sont bien identifiés et incontestablement américains, les mots « blue-jeans » et « toile denim » n'ont pas d'origines américaines, mais bel et bien européennes.

Le blue-jeans tirerait son appellation d'une teinture bleue, originaire de la ville de Gênes, en Italie : le bleu de Gênes ; sa prononciation à l'américaine aurait ainsi donné le fameux « blue-jeans ».

Il en va de même pour le mot « denim », désignant la toile de coton bleue résistante : il serait tout simplement la contraction de

« de Nîmes », ville française où un tissu à base de laine et de soie était fabriqué par la famille de tisserands André.

VRAI !

LES HABITANTS DE LA COMMUNE D'Y S'APPELLENT LES « YPSILONIENS »

Y est la vingt-cinquième lettre de l'alphabet. Mais Y est également le nom d'un village situé dans le département de la Somme, en région Picardie.

Y, qui compte actuellement environ 80 habitants, a la particularité d'être le village qui porte le nom le plus court d'Europe, ce qui ne l'empêche cependant pas d'être, paraît-il, jumelé avec Llanfairpwllgwyngyllgogerychwyrndrobwllllantysiliogogogoch, village du pays de Galles, qui porte le nom le plus long d'Europe.

Les habitants d'Y s'appellent les « Ypsiloniennes » et les « Ypsiloniens », probablement dérivés du « i grec », appelé *upsilon* en grec ancien.

FAUX !

LE CENTRE SPATIAL RUSSE EST À BAÏKONOUR

Le centre spatial russe, d'où sont lancés les engins spatiaux et autres satellites, est à Baïkonour.
Ainsi, pour le commun des mortels, il suffira de se rendre dans la ville de Baïkonour pour faire un peu de tourisme et, surtout, visiter le cosmodrome. Mais ceux qui débarqueront à Baïkonour même se casseront les dents et se retrouveront dans une petite ville minière du Kazakhstan, située à près de quatre cents kilomètres au nord-est de la base spatiale russe de lancement de Baïkonour.
Cette base soviétique à l'origine (en 1955), russe aujourd'hui, porte en effet le nom d'une autre ville : il s'agissait à l'époque de tromper l'ennemi, ou du moins d'entretenir la confusion sur la véritable localisation d'un lieu aussi stratégique, alors que la Guerre froide battait son plein. Finalement, « Baïkonour » était une sorte de nom de code.

Cela étant, une ville nouvelle, baptisée à l'origine Leninsk, a été construite autour du cosmodrome. Cette ville, située au Kazakhstan, est administrée par les Russes ; elle est officiellement devenue Baïkonour en décembre 1995. Mais l'authentique Baïkonour est bien une petite bourgade minière.

LA FOUDRE NE TOMBE JAMAIS DEUX FOIS AU MÊME ENDROIT

FAUX !

Encore une fausse croyance météorologique, populaire au point d'être devenue un dicton. Affirmer que la foudre ne tombe jamais au même endroit est, en somme, une manière de conjurer le mauvais sort. Cela n'a pas de fondement scientifique sérieux.
La foudre est une décharge électrique lancée par un cumulo-nimbus, nuage dans lequel les charges électriques négatives se sont accumulées au point qu'une décharge

est ensuite envoyée vers le sol. Un canal électrique se crée entre le nuage et le sol, l'air étant chargé en électricité. La première décharge électrique est alors suivie d'une montée vers le nuage de charges positives, *via* ce canal, visible à l'œil nu sous la forme d'un éclair lumineux. Ce canal, appelé « traceur », détermine le point d'impact au sol de la foudre.

La foudre qui, certes, ne tombe pas n'importe où ni n'importe comment a des points de chute de prédilection. Ils sont généralement en hauteur : cimes des arbres, pylônes électriques, immeubles ou édifices de grande hauteur. D'ailleurs, ce n'est pas sans raison que ces derniers sont pourvus de paratonnerres.

Et au cours d'un même orage, ces points peuvent être effectivement touchés plusieurs fois, en particulier dans les régions les plus exposées aux orages.

LE NYLON S'APPELLE AINSI PARCE QU'IL FUT DÉCOUVERT SIMULTANÉMENT À NEW YORK ET À LONDRES

FAUX !

Le nylon, matière plastique utilisée comme fibre textile, en particulier dans la confection des bas et collants, s'appellerait ainsi parce qu'il fut découvert simultanément à New York et à Londres : « ny » pour New York et « lon » pour Londres.

En réalité, cette matière plastique de la famille des polyamides fut mise au point par Wallace Carothers, un chimiste de la gigantesque compagnie américaine DuPont, qui mit cependant fin à ses jours avant d'avoir eu le temps de baptiser commercialement sa trouvaille, jusqu'alors appelée « polyamide 6-6 ».

C'est en 1938 que l'appellation « nylon » fut donnée au « polyamide 6-6 », découvert deux ans plus tôt : le premier nom proposé fut « norun », signifiant *grosso modo* « ne s'effile pas », rapidement transformé en « nuron » pour éviter toute accusation de publicité mensongère, puis en « nylon » pour des questions de facilité de prononciation en anglais.

LES PLUS GROS MANGEURS DE PIZZAS D'EUROPE SONT LES FRANÇAIS

VRAI !

Si les Italiens sont les rois incontestés et inventeurs de la pizza, curieusement, ce sont les Français qui en mangent le plus à travers toute l'Europe et même au niveau mondial : les Français occupent en effet la deuxième position du trio de tête, derrière les Américains et devant les Italiens.
D'après casa-pizza. com, il se consomme à chaque seconde en France 95 pizzas. Et chaque année, un Français mange environ

10 kilogrammes de pizzas, deux fois plus que les Italiens, et un peu moins que les Américains qui totalisent 13 kilogrammes de pizza par an et par habitant.
Ce sont 10 tonnes de pizzas qui sont dévorées chaque année dans l'Hexagone, ce qui représente environ 1,2 milliard de pizzas, soit une pile de boîtes d'une sacrée hauteur, si on s'amusait à les poser les unes sur les autres !

LES AIGUILLEURS DU CIEL SONT DANS LA TOUR DE CONTRÔLE

FAUX !

Les aiguilleurs du ciel, dont le rôle est absolument crucial dans la navigation aérienne aux abords des aéroports, pour garantir le bon déroulement des mouvements des avions sur les pistes, sont forcément tous dans la tour de contrôle. Ils ont, depuis leur perchoir au-dessus des pistes, une vue panoramique

imprenable sur tout l'aéroport : c'est logique et évident.
Mais ce n'est pas aussi simple ; les aiguilleurs du ciel ne sont autres que des contrôleurs aériens et ils ne sont pas tous agglutinés dans la tour de contrôle de l'aéroport pour accomplir leur mission. Certains y sont, en effet, mais ils n'assurent pas la totalité du contrôle aérien. D'autres, moins visibles et moins emblématiques, assurent le travail en amont de l'atterrissage et en aval du décollage : ils surveillent les routes empruntées par les avions lorsqu'ils ne sont ni en phase d'approche de l'aéroport, ni en phase de décollage. Leur rôle de suivi et d'assistance des avions en vol est tout aussi important que celui de leurs collègues des tours. Mais ces aiguilleurs du ciel ne travaillent pas à proximité d'un aéroport : ils sont postés dans un des cinq CRNA (centre en route de la navigation aérienne) que compte la France. Autant dire qu'ils ne voient même pas la queue d'un avion pendant leur journée de travail !

FAUX !

LE BÉRET EST ORIGINAIRE DU PAYS BASQUE

Le béret, cette galette de laine tricotée, coiffait à l'origine les bergers des Pyrénées (pas les gros chiens, mais leurs propriétaires) pour les protéger des intempéries et du froid. Puis, le fameux béret basque est devenu un couvre-chef, populaire au point d'être avec la baguette de pain et la bouteille de vin rouge l'un des attributs du Français lorsqu'il est représenté ou caricaturé.

Tous ceux qui pensent, assez logiquement au demeurant, que le béret basque est originaire du Pays basque se trompent : le béret n'est pas originaire du Pays basque, mais du Béarn.

Le béret est né en plein Béarn, dans la région de Pau, au XVe siècle. Le Béarn n'existe plus aujourd'hui administrativement, mais désigne toujours la région paloise. Ce sont, en revanche, les Basques qui ont popularisé ce chapeau en le commercialisant auprès de la clientèle touristique qui venait en villégiature sur la Côte basque.

LES HABITANTS DE MÉTABIEF, COMMUNE DU JURA, S'APPELLENT LES « CHATS-GRIS »

VRAI !

À Métabief comme ailleurs, la nuit, tous les chats sont gris. Mais à Métabief, village du Jura, situé à moins de 10 kilomètres de la frontière suisse, ce sont les habitants qui sont appelés les « Chats-Gris ».
On n'a, pour l'heure, absolument aucune explication sur ce nom pour le moins étrange et original porté par les habitants de Métabief.

LE PING-PONG EST UN SPORT CHINOIS

FAUX !

Voilà un sport qui porte un nom à consonance diablement extrême-orientale, voire carrément chinoise ! Pourquoi pas ? Cela se tient après tout ! D'autant que les Chinois excellent à ce sport.

Mais en fait, pas du tout ! Le ping-pong, nom populaire du tennis de table, est un sport venu tout droit d'outre-Manche.

La légende raconte qu'à la fin du XIXe siècle, au terme d'un repas réunissant des notables de la haute société, les convives se sont mis à parler tennis et schémas de jeu ; pour rendre plus compréhensibles leurs propos, ils se munirent de boîtes de cigares qui leur servirent de raquettes, de bouchons de champagne pour figurer les balles, et de livres en guise de filet.

Plus vraisemblablement, toujours à la fin du XIXe siècle en Angleterre, ce sont des joueurs de tennis qui, frustrés de ne pouvoir s'adonner à leur sport favori à cause de la pluie, ont improvisé sur leur table de salon une partie de tennis d'intérieur avec de petites raquettes cordées et une balle en caoutchouc.

Quelles que soient les circonstances de sa naissance, le tennis de table est un jeu anglais, qui est devenu très populaire et s'est développé très rapidement en Angleterre, puis en Europe et aux États-Unis.
Le tennis de table s'est appelé « Pim-Pam », « Gossimar », « Whiff-Whaff » et « Ping-Pong », en raison du bruit de la petite balle sur la raquette.
Bien que devenu sport national en Chine au début des années 1950, ce n'est pas un sport chinois.

PARIS N'EST JUMELÉ QU'AVEC UNE SEULE VILLE : ROME

VRAI !

Le jumelage en France semble presque être un sport national dans lequel certaines villes excellent, tant la liste de communes étrangères avec lesquelles elles sont jumelées est longue.

Le plus ancien jumelage que l'on connaisse est celui associant la ville du Mans avec celle de Padeborn, en Allemagne, établi à l'origine entre les deux diocèses catholiques en l'an 836.
La France compte plus de 4 000 communes jumelées, et si le jumelage concerne 88 % des communes de plus de 10 000 habitants, 79 % des communes françaises jumelées comptent moins de 10 000 habitants. (Source : AFCCRE.)
On pourrait alors s'attendre à ce que Paris, soit jumelé avec la plupart des grandes capitales européennes ou mondiales : c'est loin d'être le cas, puisque Paris n'est jumelé qu'avec Rome, et ce depuis le 30 janvier 1956. Les deux villes se sont jumelées sur la base d'un slogan qui en dit long : « Seul Paris est digne de Rome ; seule Rome est digne de Paris », soit en italien *Solo Parigi è degna di Roma ; solo Roma è degna di Parigi.* Rien que ça.

PENDANT LA SECONDE GUERRE MONDIALE, LE PREMIER DÉPARTEMENT FRANÇAIS LIBÉRÉ FUT LA CORSE

VRAI !

Le débarquement des Alliés en Normandie, le 6 juin 1944, a totalement éclipsé le fait qu'en réalité le premier territoire français à avoir été libéré des forces de l'axe fut bel et bien la Corse.

Trop souvent, on présente Bayeux comme étant la première ville libérée, et le Calvados comme étant le premier département débarrassé de ses envahisseurs.

C'est pourtant l'île de Beauté qui fut libérée le 5 octobre 1943, après plusieurs mois d'insurrection contre les occupants, et avec le concours des Italiens, qui avaient finalement rejoint les forces alliées après la chute de Mussolini.

Environ 80 000 Italiens occupaient la Corse, dont les habitants se rebellèrent à partir d'octobre 1943 et ce bien avant les projets de débarquement.
Le 9 septembre 1943, les Corses, rassemblés dans un Front national pour la libération appellent à l'insurrection populaire et prennent la préfecture à Ajaccio. Puis les troupes françaises apportèrent leur soutien, ce qui permit de libérer l'île et fit dire au général de Gaulle le 8 octobre 1943 : « La Corse a la fortune et l'honneur d'être le premier morceau libéré de la France (...). » Dont acte.

« BARBECUE » EST UN MOT D'ORIGINE ANGLAISE

FAUX !

« Barbecue » est un mot dont l'origine anglaise ne semble faire aucun doute. Elle n'est pourtant pas attestée.
Le mot « barbecue » trouve ses racines chez les Taïnos, cette tribu amérindienne qui vivait dans les Grandes Antilles au moment où débarquèrent les premiers explorateurs espagnols.
Les Taïnos faisaient cuire lentement la viande en la plaçant sur une grille en bois au-dessus d'un brasier, afin d'empêcher les animaux et les insectes de s'en approcher. Dans le dialecte local, cette grille s'appelait « barbacoa ».
Les Espagnols rapportèrent du Nouveau Monde cette découverte, et le terme « barbacoa » se propagea à travers l'Europe, subissant quelques transformations selon la langue locale.

LES ÎLES CANARIES TIRENT LEUR NOM DES CHIENS SAUVAGES QUI PEUPLAIENT L'ÎLE LORSQU'ELLE FUT DÉCOUVERTE

VRAI !

Les îles Canaries sont un archipel situé dans l'océan Atlantique, à 150 kilomètres environ du Sahara occidental. Bien qu'éloignées de l'Espagne, les Canaries sont une des communautés autonomes du pays, appelée *Comunidad Autónoma de Canarias*, au même titre que la Catalogne par exemple. L'archipel, composé de sept îles principales, compte aussi quelques îlots inhabités : il fait partie de la Macaronésie, qui n'a strictement rien à voir avec les petites pâtes creuses, mais qui regroupe les Canaries, Madère, les Açores et le Cap-Vert.

Ce ne sont pas les petits oiseaux jaunes qui ont donné leur nom aux Canaries, mais des chiens sauvages, fort nombreux sur les îles au moment de leur découverte par les colons espagnols au XVᵉ siècle. « Canaries » est tout simplement un dérivé du latin *canis,* signifiant « chien ». À cet égard, le blason qui orne le drapeau à bandes verticales blanche, bleue et jaune, représente deux chiens, qui rappellent le fameux *Presa canario* ou dogue des Canaries, espèce de chien originaire desdites îles.

FAUX !

« GADGET » EST UN MOT D'ORIGINE ANGLAISE

La langue française regorge de mots aux origines incertaines, ou du moins difficiles à attester. Souvent, ces mots ont subi des déformations de graphie et de prononciation au fil du temps et des usages.
Gadget fait assurément partie de ces mots dont les origines sont, en effet, assez mal connues. Mais contrairement à ce que sa graphie laisse penser et sa consonance

entendre, « gadget » n'est pas un mot d'origine anglaise.
C'est du français qu'il est issu : sa première apparition remonte à la fin du XIXe siècle, avec l'entreprise « Gaget, Gauthier et Cie », importante entreprise de fonderie parisienne. Le directeur de cette manufacture renommée, M. Gaget, fut à l'origine des miniatures représentant la statue de la Liberté, fabriquées et commercialisées pour assurer la promotion et le financement de l'œuvre de Frédéric Auguste Bartholdi. Lorsque Gaget assista à l'inauguration de la statue, à New York en 1886, il distribua les statuettes aux Américains, qui les baptisèrent du nom de leur créateur, Gaget, en prononçant le nom de l'ingénieux entrepreneur à l'américaine, soit « gadget ».
Le mot « gadget » était né ; il ne lui restait plus qu'à faire le voyage retour en France, pour venir s'installer dans le vocabulaire courant.

LES HABITANTS DE VILLECHIEN, PETITE COMMUNE FRANÇAISE, SONT DES TOUTOUVILLAIS

VRAI !

Villechien est une petite commune du département de la Manche, en région Basse-Normandie, qui compte actuellement environ 200 habitants.
La commune, dont le nom fait référence au meilleur ami de l'homme, n'a pas cherché bien loin le nom de ses gentilés, puisque ceux-ci sont appelés les « Toutouvillaises » et « Toutouvillais ».
Apparemment, ce nom viendrait du fait qu'au début du XIXe siècle, l'abbé Paul Marqué appelait ainsi, avec un sacré sens de l'humour, ses ouailles. Le nom est donc resté.

LES BIKINIS S'APPELLENT AINSI À CAUSE DES DEUX ÎLES DE L'ATOLL DE BIKINI

FAUX !

Certes, il y a un rapport entre le Bikini et l'atoll de Bikini, ce petit chapelet d'îles appartenant aux îles Marshall, en plein Pacifique. Ils ne s'agit donc pas que de DEUX îles.

Les îles Marshall sont tristement célèbres pour avoir été le théâtre d'opérations violentes pendant la Seconde Guerre mondiale, puis pour avoir été le lieu principal des expérimentations nucléaires américaines, dès 1945 et jusqu'aux années 1960. Ces expérimentations eurent lieu après le déplacement des populations locales : soixante-sept tirs ont été effectués, dont celui de la première bombe à hydrogène (bombe H). En 2010, l'atoll de Bikini a été inscrit sur la liste du patrimoine mondial de l'humanité de l'UNESCO, symbolisant « l'entrée dans l'âge nucléaire malgré une

image paradoxale de paix et de paradis terrestre ».
Si le Bikini se compose de deux petites pièces, ce n'est pas le cas de l'atoll : il est constitué d'un chapelet de… trente-six îlots coralliens.
En réalité, la référence à l'atoll de Bikini par Louis Réard, le créateur français du fameux petit maillot de bain, est liée justement au caractère explosif de cette nouvelle pièce vestimentaire, dont les premiers exemplaires furent présentés au public dès 1976. Louis Réard misait sur un effet de mode aussi puissant que celui de l'explosion qui avait eu lieu dans l'atoll du Pacifique.

TU ME FAIS TOURNER LA TÊTE

LES POUX SONT LE SIGNE D'UNE MAUVAISE HYGIÈNE CAPILLAIRE

FAUX !

La pédiculose est l'invasion de certaines parties du corps, généralement la tête, par les poux. Il existe trois catégories de poux susceptibles de nous infester : le pou de tête, le pou de corps et le pou du pubis, appelé aussi morpion.

Le pou, qui fait partie de la liste de mots que l'on apprend à l'école comme prenant un « x » au pluriel, est un insecte parasitaire qui se complaît sur le cuir chevelu, tout particulièrement celui des enfants. Mais cela ne signifie pas que les adultes ne peuvent pas en attraper, d'autant que la pédiculose est très contagieuse, en plus d'être désagréable.

Les poux sont réputés s'installer sur les têtes pas très propres, et être ainsi le signe indéniable d'une hygiène corporelle et capillaire douteuse ; cela est totalement faux ! Le pou, comme la gale d'ailleurs, est peu

regardant sur l'hygiène locale : que ce soit propre ou sale, il s'installe si les conditions de prolifération lui paraissent réunies !
Cette fausse croyance vient probablement d'une ancienne campagne publicitaire datant du début du XXe siècle, vantant les mérites d'un shampoing anti-poux, tout en stigmatisant les personnes infestées.

BOIRE UNE BIÈRE BIEN FRAÎCHE ÉTANCHE LA SOIF

FAUX !

Quoi de plus agréable et de plus désaltérant qu'une bière bien fraîche quand il fait très chaud ? L'eau, remède le plus efficace contre la soif !
Il est totalement faux de croire que la bière, fût-elle parfaitement servie et sans faux col, juste à la bonne température, étanche la soif ; c'est même le contraire.
La raison en est très simple : la bière, comme toutes les boissons alcoolisées (à

consommer avec modération), accentue la déshydratation du corps et augmente la sensation de soif. Plus précisément, du point de vue biologique, l'alcool inhibe la production par le cerveau de l'hormone antidiurétique (ADH), qui intervient dans la régulation de l'eau par l'organisme. Ainsi, l'alcool contenu dans la bière, quelle que soit la température à laquelle elle est consommée, perturbe le contrôle de l'équilibre hydrique du corps, ce qui fait éliminer de l'eau en excès et ne peut fort logiquement pas étancher la soif.

FAUX !

L'ALCOOL RÉCHAUFFE

La chanson le clame haut et fort : « le pinard, c'est de la vinasse, ça réchauffe là oùsque ça passe, vas-y pinard, remplis mon cœur, etc. ». Lorsqu'il fait frisquet dehors et que l'on grelotte, on se dit qu'en buvant un petit verre (ou deux), on va se réchauffer.

Le problème est que la sensation de chaleur produite par l'alcool n'est que très temporaire : elle est exclusivement liée à la dilatation des vaisseaux sanguins de la peau, et non au réchauffement global de l'organisme. Dès que les vaisseaux ne sont plus dilatés, la douce sensation de chaleur cesse et, cerise sur le gâteau, cette vasoconstriction, c'est-à-dire la diminution du calibre des vaisseaux sanguins, entraîne une perte de calories qui fait que l'on a encore plus froid qu'avant !
Lorsqu'il fait froid, il n'y a donc pas trente-six solutions pour se réchauffer : mettre un pull, un bonnet, ou rentrer se calfeutrer bien au chaud !

LE VIN BLANC DONNE MAL À LA TÊTE

FAUX !

Un peu comme le chocolat, le vin blanc a la fâcheuse réputation de donner mal à la tête, voire d'être à l'origine de vraies crises de migraine. Du coup, de nombreuses personnes se privent, à titre préventif, d'un petit verre de vin blanc, uniquement parce qu'elles craignent de souffrir d'une céphalée. C'est la prétendue forte teneur en soufre du vin blanc qui lui conférerait ce vilain défaut. Seulement voilà, du soufre, il n'y en a pas plus (et il y en a même parfois moins) dans le vin blanc que dans le vin rouge et, surtout, que dans certaines eaux minérales sulfurées prescrites aux curistes !
Aucun lien objectif n'a donc pu être établi entre le vin blanc et les céphalées.

UNE CUILLÈRE PLACÉE DANS LE GOULOT DE LA BOUTEILLE PERMET AU CHAMPAGNE DE RESTER PÉTILLANT

FAUX !

Un jour, on ne sait pas trop quand, quelqu'un a décrété qu'il fallait placer une petite cuillère dans le goulot d'une bouteille de champagne ouverte, afin d'empêcher le gaz de s'échapper.

Cette pratique très usitée n'a pas de fondement scientifique, ni d'ailleurs d'efficacité quelle qu'elle soit. La cuillère placée dans le goulot ne fait pas office de piège à bulles, même s'il s'agit d'une cuillère en argent : quoi qu'il arrive, si on ne remet pas de bouchon hermétique, le gaz... part. Et le champagne est fichu !

IL NE FAUT PAS BOIRE D'ALCOOL EN PRENANT DES ANTIBIOTIQUES

FAUX !

Tout le monde pense qu'il faut cesser de boire de l'alcool lorsqu'on suit un traitement antibiotique : cela n'est pas exact.

Il est vrai que l'alcool, consommé sans modération, ne fait pas bon ménage avec les médicaments quels qu'ils soient. Mais cela tient essentiellement au fait que la consommation d'alcool est mauvaise pour la santé ; les interactions alcool-médicaments existent, mais elles sont rares.

Au temps des traitements développés pour soigner la tuberculose, les antibiotiques antituberculeux étaient inefficaces dès lors que les patients continuaient à boire de l'alcool. Ce n'est plus le cas aujourd'hui : la plupart des antibiotiques courants ne sont pas incompatibles avec la prise d'alcool, en quantité raisonnable bien sûr ; les rares exceptions étant bien identifiées (notamment le métronidazole).

CHAQUE COULEUR DES ANNEAUX OLYMPIQUES REPRÉSENTE UN CONTINENT EN PARTICULIER

FAUX !

L'olympisme est symbolisé par cinq anneaux entrelacés, de même taille, de cinq couleurs différentes, sur un fond blanc : bleu, jaune, vert, rouge et noir.
Le bleu est supposé symboliser l'Europe, le jaune l'Asie, le vert l'Océanie, le rouge l'Amérique et le noir l'Afrique.
Mais contrairement à ce qu'on pense, chaque anneau de couleur composant le symbole olympique ne représente pas un continent en particulier, mais plus exactement l'union des cinq continents ainsi que la rencontre des athlètes du monde entier.

LE GAZ NATUREL SENT FORT

FAUX !

Une forte odeur de gaz ? Attention, danger ! Le gaz naturel, dont on se sert pour le chauffage ou la cuisine, est facilement reconnaissable grâce à son odeur si désagréable et si caractéristique. Dès qu'on perçoit cette odeur, c'est un signe de fuite de gaz, avec tous les dangers que celle-ci peut comporter. Il est assez logique de penser, puisque le gaz de ville s'appelle aussi « gaz naturel », qu'on l'utilise tel quel dans la vie courante, il sent donc naturellement fort.
En réalité, ce gaz est absolument inodore ; c'est donc pour prévenir les accidents graves et les intoxications que l'on ajoute au gaz naturel un additif liquide qui sent fort, le mercapatan éhtylique, ou éthanethiol, ou Sultan T. Il contient notamment du soufre, ce qui explique son odeur aussi… désagréable, mais très efficace.

MAGELLAN A FAIT LE TOUR DU MONDE

FAUX !

On retient communément que Magellan fut le premier marin à « circumnaviguer », c'est-à-dire à accomplir le tour du monde. Fernao de Magalhaes, en français Magellan, quitta en effet l'Espagne le 19 septembre 1519 en direction de l'ouest, avec une armada de 265 marins répartis dans cinq caravelles. Ce voyage fut entrepris grâce à l'aide financière du roi d'Espagne d'alors, Charles Quint. Le projet de Magellan était, en effet, de contourner l'Amérique et poursuivre cette route occidentale jusqu'en Asie.

Le voyage, tout comme sa préparation, sera marqué par des péripéties diverses et variées. Après avoir longé l'Amérique du Sud et essuyé une mutinerie, perdu une caravelle, la flotte découvrira le passage vers l'ouest, baptisé plus tard détroit de Magellan. L'expédition débouchera dans ce qui sera appelé le Grand Océan Pacifique.

Puis en 1520-1521, la traversée de l'océan Pacifique aura lieu, non sans dégâts collatéraux : mutineries, scorbut, etc. La flotte accostera ensuite sur l'île de Cebu, située dans l'archipel des Philippines. Là, les choses se gâteront encore et, le 27 avril 1521, Magellan y sera mortellement blessé par une fléchette empoisonnée, lors d'une expédition punitive contre le roi de l'île voisine.
Cela signifie que Magellan n'a pu achever son expédition : lui n'a donc, malheureusement, pas fait le tour du monde. Sa flotte, ou du moins ce qu'il en restait, a réussi à mener à bien son projet : le 6 septembre 1522, une seule caravelle sur les cinq engagées à l'origine fit son retour en Espagne, avec à son bord dix-huit rescapés.

FAUX !

L'ALCOOL NE GÈLE PAS

La vodka (à consommer avec modération) placée au congélateur reste liquide. Cette faculté qu'a l'alcool de ne pas geler dans le congélateur ne veut pourtant pas dire que l'alcool est un liquide qui ne gèle jamais.
La subtilité est que l'alcool gèle, mais à une température vraiment très basse, aux alentours de –114° C.
Ainsi, l'alcool n'échappe pas à la règle qui concerne tous les liquides : le changement d'état – du liquide au solide, et inversement – s'opère à une certaine température et dans certaines conditions.
Cette particularité de geler à une température aussi basse est liée à la composition moléculaire de l'alcool. Ce sont en particulier les forces intermoléculaires qui déterminent si un liquide change d'état ou non : les forces d'attraction intermoléculaires de l'eau sont bien supérieures à celles de l'alcool, et expliquent ainsi que l'eau gèle à une température proche de 0 °C, tandis que l'alcool ne gèle pas avant –100 °C.

IL EST OBLIGATOIRE D'ACCROCHER LE PORTRAIT DU PRÉSIDENT DE LA RÉPUBLIQUE DANS LES MAIRIES

FAUX !

La plupart des mairies, mais pas toutes, exposent un portrait du président de la République en exercice. Ce serait une obligation… Faux !

On appelle ça en France une « coutume républicaine » : une simple mais symbolique tradition, c'est-à-dire une pratique entrée dans les mœurs, mais sans caractère obligatoire, sans aucun fondement législatif ni réglementaire. Il en va, d'ailleurs, de même pour les autres symboles républicains : le buste de Marianne, le drapeau national et la devise de la République.

Seule la Constitution de la Ve République, actuellement en vigueur en France, définit dans son article 2 ce qu'est l'emblème national : le drapeau bleu-blanc-rouge, et la

devise de la République : « Liberté, Égalité, Fraternité. »
Et qui dit absence d'obligation dit absence de sanction pour les éventuels réfractaires à cette coutume républicaine.

FAUX !

LE FOU DES ÉCHECS DÉSIGNE LE FOU DU ROI

Parmi les 32 pièces que compte un jeu d'échecs, seize blanches d'un côté et autant de noires de l'autre, on trouve dans chaque camp deux fous. Le fou se déplace en restant toujours sur la même couleur et chaque joueur possède donc un fou de case noire et un fou de case blanche. De fait, le fou se déplace toujours en diagonale, du nombre de cases que l'on veut.
Tous ces pions – reines, rois, cavaliers, fous – laissent penser que le fou des échecs désigne expressément le fou du roi, le bouffon des cours royales médiévales. En réalité, l'ori-

gine du nom attribué à cette pièce du jeu d'échecs est assez énigmatique.
Il semblerait que le fou des échecs se soit appelé ainsi du fait d'une erreur de traduction ou plus exactement de retranscription.
Le jeu d'échecs a été introduit en Occident, en Europe méridionale, à la fin du Xe siècle ; il est vraisemblablement issu du chaturanga, originaire d'Inde et créé vers le VIe siècle.
Le chaturanga, d'abord jeu de hasard se jouant avec des dés, s'est exporté en Perse où il a considérablement évolué à partir du VIIe siècle et jusqu'au Xe siècle, pour se transformer en chatrang, jeu de réflexion proche de celui qu'on connaît aujourd'hui.
On y trouvait entre autres pièces : le roi (Shâh), le conseiller (Vizir), l'éléphant (Fil, *pilu* en sanscrit), le cheval (Faras), le char (Roukh) et le soldat (Baidaq).
Certaines de ces pièces seront occidentalisées lorsque le jeu sera introduit en Europe et, curieusement, le vizir deviendra la reine, et l'éléphant le fou.
L'hypothèse la plus probable expliquant cette métamorphose de l'éléphant en bouffon viendrait du mot « Fil » désignant l'éléphant, qui se prononçait « Foul » en vieux persan et a été retranscrit en « Fol » en vieux français, soit le fou.

BOIRE DU CAFÉ ATTÉNUE LES EFFETS DE L'ALCOOL

FAUX !

Nombreux sont ceux qui sont persuadés qu'une bonne tasse de café bien fort atténue presque immédiatement les effets de l'alcool, ce qui leur permettra ensuite, par exemple, de prendre le volant pour rentrer chez eux en toute sécurité. Erreur, grave erreur, qui peut avoir des conséquences désastreuses ! Il n'en est absolument rien. Il s'agit d'une vraie idée préconçue, d'une légende tenace qui permet aux buveurs plus ou moins occasionnels de se donner bonne conscience, en oubliant la modération : le café n'atténue pas du tout les effets de l'alcool. Tout au plus, le café permet de diminuer la sensation d'ivresse, sans neutraliser pour autant l'alcool présent dans le sang.

Et, pis encore, il a été démontré que la combinaison alcool-caféine peut carrément être dangereuse pour la santé, puisque la personne alcoolisée sous-estime son alcoolémie et peut alors boire davantage !

MON TRUC EN PLUMES

SI UN OISILLON TOMBE DU NID ET QU'ON L'Y REMET, IL SERA REJETÉ PAR SES PARENTS

FAUX !

Un oisillon tombé du nid, si on l'y remet, sera rejeté par ses parents qui cesseront de le nourrir, c'est une certitude : le bébé oiseau sera imprégné de l'odeur humaine, ce qui entraînera le rejet immédiat des parents.
Eh bien ! voilà encore une idée reçue qui a la vie dure !
L'oisillon tombé du nid peut tout à fait y être replacé ; il ne sera pas rejeté par ses parents qui continueront à le nourrir. Certaines espèces d'oiseaux (oiseaux de nuit, rouges-gorges) veillent sur l'oisillon même si on l'a replacé en dehors du nid, à proximité.
Les cas de rejet de l'oisillon très exceptionnels et ne sont pas liés à la manipulation par l'homme : l'oisillon peut avoir été délaissé par ses parents pour cause de malformation physique ; dans ce cas, le remettre dans le

nid ne servirait à rien, les chances de survie de la pauvre petite bête seraient de toute façon largement compromises.

ON ÉCRIT « BÂILLER AUX CORNEILLES »

FAUX !

Alors comme ça, on perd son temps à ne rien faire, à rêvasser comme un gros paresseux ! Pour un peu, on serait presque fier de « bâiller aux corneilles ». Pourquoi pas ? Il n'y a pas de mal à se laisser aller de temps en temps...

Mais on ne « bâille » pas aux corneilles, on « baye » aux corneilles.

Cette graphie bien particulière fait, en effet, référence au verbe « bayer » dont, certes, le sens est proche de « bâiller », le premier signifiant « s'ouvrir » et le second « être ouvert ». La distinction est assez subtile, mais ce sont bien deux mots différents :

« bâiller » s'est au fil du temps et des usages substitué à « bayer », le terme initialement employé dans l'expression.
Il faut à cet égard remonter au XVIe siècle pour trouver les origines de cette expression : les corneilles désignaient alors les oiseaux noirs, mais aussi des objets sans aucune utilité ni aucun intérêt particulier, et même les fruits du cornouiller.
Mais ouvrir la bouche involontairement lorsqu'on est fatigué, c'est « bâiller », et rester la bouche ouverte d'admiration, c'est « bayer » : lorsque le sujet est la bouche, l'expression du mouvement se retrouve dans le premier et l'immobilité dans le second ! Enfin « bayer aux corneilles » signifie simplement regarder en l'air oisivement, bouche bée. « Bayer aux corneilles » voulait et veut toujours dire « rester la bouche ouverte en regardant des choses sans intérêt », et non bâiller à tout bout de champ comme on le croit aujourd'hui.

VRAI !

DES PINSONS ET DES CANARIS ONT TRAVAILLÉ DANS LES MINES DE CHARBON

Même les petits oiseaux sont allés au charbon. Il n'y a encore pas si longtemps, ces braves petits piafs descendaient à la mine. Ils n'y poussaient pas des wagonnets, les pauvres, mais étaient utilisés pour détecter d'éventuelles fuites et émanations de monoxyde de carbone, le fameux et tant redouté « coup de grisou ».
Les mineurs emmenaient les oiseaux et surveillaient leur comportement : dès que les emplumés battaient des ailes, hérissaient leur plumage et cessaient de chanter, cela signifiait que le danger était imminent. C'est plus particulièrement le canari Hartz qui était mis à contribution, du fait de son chant agréable, de son ouïe incomparable et de son appareil respiratoire fragile.

Les pauvres petits oiseaux ont donc été utilisés pendant des années, jusqu'à la fin des années 1990, pour donner l'alarme, et nombre d'entre eux furent sacrifiés, sauvant ainsi des centaines de vies humaines.

CERTAINS OISEAUX AVALENT DES PIERRES ET DU SABLE

VRAI !

Les oiseaux, poules comprises, n'ont pas de dents. Cela ne facilite pas le broyage de leur nourriture.
Pour ce faire, les oiseaux ont trouvé une solution ingénieuse : ils avalent des petits cailloux et du sable ! Sans danger pour eux, cette étrange habitude alimentaire permet tout simplement le broyage mécanique de la nourriture dans leur gésier, les cailloux et le sable faisant en quelque sorte office de dents.

LE « GRAIN » DE « VEILLER AU GRAIN » DÉSIGNE LE GRAIN POUR LES POULES

FAUX !

Comme chacun sait, « veiller au grain » signifie faire preuve de vigilance, surveiller attentivement, rester sur ses gardes pour faire face à toute difficulté ou danger.

Le « grain » de cette expression ancienne ne désigne pas le grain que l'on donne aux poules et autres volailles pour les nourrir. La basse-cour et la ferme n'ont aucune responsabilité dans cette expression qui trouve ses origines dans le vocabulaire marin.

Le « grain » qui fut utilisé à partir du milieu du XVIe siècle dans la marine pour définir une tempête soudaine et de courte durée, caractérisé par des vents forts et des précipitations importantes, vient malgré tout du latin *granum*, la graine ou le grain. Il n'est pas impossible, d'ailleurs, que les précipitations de grêle qui ont lieu pendant les fameux

grains soient à l'origine de cet emploi au sens figuré du mot « grain ».
L'expression « veiller au grain » est apparue pendant la première moitié du XIXe siècle : pour les marins, « veiller au grain » signifiait, alors, faire preuve de la plus grande vigilance, pour pouvoir réagir très vite en cas de changement brutal des conditions météorologiques. Le sens de l'expression s'est généralisé à tous les domaines au fil du temps.

LE PINGOUIN NE VOLE PAS

FAUX !

Le pingouin, dont le nom exact est « petit pingouin », est un oiseau noir et blanc, que l'on confond avec le manchot. Du coup, on est persuadé que le pingouin ne vole pas, puisque le manchot lui-même ne vole pas. Cette confusion a deux explications possibles : il existait jusqu'au milieu du XIXe siècle une

autre espèce de pingouin, désormais éteinte, le « grand pingouin », qui ne volait pas, et qui ressemblait, d'ailleurs, beaucoup au manchot.
L'autre explication réside peut-être dans la traduction du mot « manchot » en d'autres langues : *pinguïn* en néerlandais, *pingüino* en espagnol, *Pinguin* en allemand, « pinguino » en italien, *penguin* en anglais.
En tout cas, le petit pingouin vole… tout en étant très honnête.

FAUX !

« LE DINDON DE LA FARCE » FAIT RÉFÉRENCE À L'ANIMAL ET À LA CUISINE

« Être le dindon de la farce » signifie bien évidemment se faire avoir dans les grandes largeurs, se faire plumer ou être la victime d'une plaisanterie de plus ou moins bon goût. Et puisqu'il est question de dindon et de farce, *a priori*, il n'y a aucun doute : l'expression a des origines culinaires et le dindon n'est autre que le mâle de la dinde, qui subit chaque année un sort fatal au moment de Noël, ou de Thanksgiving de l'autre côté de l'Atlantique. Quant à la farce, il s'agit assurément de celle dont on fourre l'animal pour en agrémenter le goût, avant de l'enfourner. Mais, et cela peut surprendre, il n'est pas question de volaille farcie dans cette expression. Pour comprendre les origines de cette expression, il faut vraisemblablement remonter au Moyen Âge : à cette époque, les comédies bouffonnes ou les farces théâtrales mettaient en scène des personnages récurrents, parmi lesquels Dindon, un père de famille berné par son entourage, sujet de toutes les moqueries. Ce personnage était donc systématiquement « le Dindon de la farce ».

LE COLIBRI MANGE L'ÉQUIVALENT DE LA MOITIÉ DE SON POIDS EN SUCRE CHAQUE JOUR

VRAI !

Il ne faut pas se fier à la taille des animaux, pour en déduire que plus ils sont petits et moins ils mangent.

Le colibri, ce tout petit oiseau, le plus petit au monde, appelé aussi « oiseau-mouche » à cause de ses très rapides battements d'ailes, a un appétit d'ogre et non un appétit d'oiseau.

Il mange en effet chaque jour la moitié de son poids en sucre, ce qui correspond à un apport quotidien de 3 à 8 calories. Ces solides rations lui permettent de couvrir ses besoins et de faire face à ses dépenses énergétiques.

En comparaison, si un homme mangeait autant, cela correspondrait à 150 000 calories par jour, soit environ 60 fois les apports journaliers recommandés : Elvis Presley, à la fin de sa vie, se gavait de sandwiches ultra-caloriques à base, entre autres ingrédients, de beurre de cacahuètes, et absorbait presque 100 000 calories par jour, soit deux fois plus qu'un éléphant d'Asie standard !

VRAI !

LES YEUX DE LA CHOUETTE LUI SERVENT À ENTENDRE

« – Oh, grand-mère, comme tu as de grandes oreilles.
– C'est pour mieux t'entendre…
– Oh ! grand-mère, comme tu as de grands yeux !
– C'est pour mieux te voir !
– Oh ! grand-mère, comme tu as de grandes mains !
– C'est pour mieux t'étreindre…
– Mais, grand-mère, comme tu as une horrible et grande bouche !

– C'est pour mieux te manger !
À peine le loup eut-il prononcé ces mots, qu'il bondit hors du lit et avala le pauvre Petit Chaperon rouge. » (*Le Petit Chaperon rouge,* version Charles Perrault.)
Généralement, les yeux servent à voir et les oreilles à entendre.
Cependant, chez la chouette, ce n'est pas aussi simple : les grands yeux ronds de la chouette jouent également une fonction auditive.
Ces yeux, appelés « disques faciaux », lui permettent de percevoir les sons, même les plus ténus comme le léger crissement du stylo à bille sur une feuille de papier, à plus de 25 mètres de distance ou encore les pas d'un mulot à plus de 100 mètres !
Les yeux sont entourés de petites plumes particulières, très courtes, qui constituent le masque facial et qui ont la faculté de se redresser, pour amplifier les sons, lorsque les yeux sont fermés. Ces sons amplifiés se transmettent aisément et instantanément aux cavités auditives placées juste derrière les yeux : ceci confère à ces oiseaux de redoutables facultés à repérer leurs proies et à les chasser la nuit.

LES AUTRUCHES ENTERRENT LEUR TÊTE DANS LE SABLE LORSQU'ELLES ONT PEUR

FAUX !

Les pauvres autruches sont tellement peureuses qu'elles s'enterreraient la tête dans le sable pour se soustraire au danger. Certes, cet animal est singulier, mais pas au point d'avoir ce comportement bizarre en cas de danger.

Cette fausse croyance concernant les autruches vient probablement d'une interprétation de leur comportement lorsqu'elles se sentent en danger : dans ce cas, elles aplatissent le plus possible leur long cou, afin de ne pas attirer l'attention de leur prédateur.

D'ailleurs l'expression « faire l'autruche » est elle-même basée sur cette fausse croyance.

LES COQS NE CHANTENT QUE LE MATIN

FAUX !

Les coqs adorent faire les malins, histoire d'épater la galerie. C'est précisément en chantant que le coq délimite son territoire : celui-ci s'arrête là où son chant ne porte plus. D'où le fait que le coq s'époumone. Il s'égosille de manière plus intense le matin, moment de la journée où il est le plus actif, mais il ne chante pas que le matin. Il continue ses cocoricos tout au long de la journée, en particulier pour faire savoir aux poules qu'il veille sur elles, au cas où elles se sentiraient un peu seules ou en danger…

FAUX !

LES HIBOUX PEUVENT TOURNER LEUR TÊTE À 360 °

Seule la petite fille possédée par le démon dans le film *L'Exorciste* est capable de faire faire un tour complet à sa tête, et ce sans subir quelque dommage que ce soit !
Les hiboux ne tournent leur tête qu'à 270 °, et non à 360 °. Mais ce n'est déjà pas si mal : les humains ne peuvent absolument pas en faire autant.
Les hiboux tiennent cette capacité singulière de leurs vertèbres cervicales et de la musculature de leur cou.

LE VÉLOCIRAPTOR ÉTAIT COUVERT DE PLUMES ET RESSEMBLAIT À UNE DINDE

VRAI !

Il ne faudrait pas imaginer que tous les dinosaures ressemblaient à de plus ou moins gros lézards.
Les travaux des paléontologues montrent par exemple que le vélociraptor avait en réalité l'allure d'une grosse dinde, puisqu'il était recouvert de plumes ou de protoplumes.
Le vilain bipède, omniprésent dans *Jurassic Park,* n'avait pas exactement le look d'un lézard : les études et analyses de ses fossiles ont mis en évidence que ses avant-bras portent de petites protubérances osseuses, proches de celles des oiseaux d'aujourd'hui, et qui servent de points d'ancrage aux plumes.
Le vélociraptor, bien que couvert de plumes et ainsi apparenté, ne pouvait cependant pas voler et encore moins planer, ses membres supérieurs étant bien trop petits.
La vilaine dinde se contentait donc vraisemblablement de courir après ses proies.

FAUX !

LES OISEAUX MIGRENT POUR ÉCHAPPER AU FROID

Ce n'est pas le froid en lui-même qui pousse les oiseaux à migrer chaque année. En effet, les oiseaux ne sont pas frileux et sont parfaitement équipés pour supporter les basses températures.

Les oiseaux migrent en hiver parce que la nourriture se raréfie : le manque de ressources alimentaires les pousse à migrer là où ils auront de quoi manger. Même dans la savane africaine, les oiseaux migrateurs partent plus au sud en période de sécheresse, lorsque la nourriture vient à manquer. Sous nos latitudes, les albatros traversent les océans en suivant le sillage du plancton avec lequel ils s'alimentent.

Les migrations des oiseaux leur permettent ni plus ni moins d'éviter les périodes de pénurie alimentaire, mais pas directement les variations climatiques contre lesquelles ils sont naturellement protégés.

UN CYGNE PEUT CASSER LE BRAS DE QUELQU'UN AVEC SES AILES

VRAI !

Le cygne est à n'en pas douter un majestueux palmipède blanc, au long cou et aux larges ailes. Le poids des plus costauds d'entre eux peut atteindre 20 kilogrammes, et c'est l'oiseau le plus lourd capable de voler, fort de son envergure de près de 2,40 mètres chez certains adultes.

Impressionnant et plein de grâce, le cygne est un bon nageur et se déplace fort rapidement sur l'eau. Son cri, en revanche, est beaucoup moins joli et, surtout, l'animal se montre parfois très agressif, notamment pour défendre sa couvée : certains cygnes peuvent casser un bras avec leurs ailes, qui sont très puissantes.

Fort comme un bœuf et méchant comme la gale : mieux vaut donc ne pas s'aventurer trop près du bestiau s'il est énervé.

FAUX !

LA « CHOUETTE » DÉSIGNE L'OISEAU DE NUIT

« Comme c'est chouette ! » Voilà une manière d'exprimer son contentement à la vue d'une jolie chose ou d'une belle personne, ou en apprenant une bonne nouvelle.
Curieusement, la « chouette » de cette expression n'est pas l'oiseau de nuit ; d'ailleurs, l'animal fut longtemps considéré comme un oiseau de mauvais augure. La chouette portait malheur et annonçait la mort. Au Moyen Âge notamment, l'oiseau nyctalope avait bien mauvaise presse, tant et si bien qu'on le clouait aux portes des maisons pour conjurer le mauvais sort.
Les Romains prêtaient de bien mauvaises intentions aux chouettes, que leur habitat et leur mode de vie nocturne faisaient passer pour des oiseaux symbolisant la mort. En revanche, pour les Grecs, la chouette symbolisait la sagesse et était associée à Athéna ou Pallas Athéna, déesse de la guerre mais aussi de la sagesse, des artisans, des artistes

et des maîtres d'école. La chouette est d'ailleurs devenue le symbole d'Athènes. En réalité, la « chouette » dont il est question ici vient de l'ancien français « choeter », verbe qui signifiait « faire le coquet ».

L'OISEAU-LYRE REPRODUIT LES SONS QU'IL ENTEND

VRAI !

L'oiseau-lyre est étonnant à plus d'un titre : outre le fait qu'il a une allure reconnaissable entre mille avec sa longue queue ressemblant à s'y méprendre à une lyre, qu'il déploie pendant les parades nuptiales, cet oiseau de la famille des ménuridés est un excellent imitateur.
Ce grand fantaisiste, espèce endémique d'Australie qui vit dans les forêts humides, est capable de reproduire tous les sons qu'il entend, y compris les plus surprenants : des documentaires animaliers montrent qu'il peut imiter les animaux et bruits de la nature autour de lui, mais aussi d'autres sons nettement

moins familiers, comme une perceuse, le déclencheur d'un appareil photographique, une tronçonneuse, etc.

VRAI !

LE SEUL MOYEN DE CONNAÎTRE LE SEXE D'UN PERROQUET EST DE LUI FAIRE UN TEST ADN

Les mâles et les femelles des différentes espèces de perroquets se ressemblent comme deux gouttes d'eau, au point qu'il est difficile de distinguer les mâles des femelles. Quelques différences morphologiques ou comportementales peuvent permettre un « sexage », mais seuls les spécialistes peuvent s'y essayer, et encore, ils sont susceptibles de se tromper.
La manière la plus fiable de reconnaître le sexe de ces oiseaux est de faire pratiquer un test ADN. Pour l'instant, c'est la seule méthode sûre à 100 %.

Imprimé en France en mai 2021
par Normandie Roto Impression s.a.s.
61250 Lonrai
N° d'impression : 2102493
Dépôt légal : juin 2021
ISBN : 978-2-38015-296-8